Petra Sparrer

Glücksorte auf Fuerteventura

Fahr hin & werd glücklich

D

Dieses

Glücksbuch

ist für

Liebe Glücksuchende,

„Inseln der Glückseligkeit“ nannte Homer die Kanaren schon 850 v. Chr. in seiner „Odyssee“. Fuerteventura, die zweitgrößte Kanareninsel nach Teneriffa, liegt auf dem 28. Breitengrad in Äquatornähe, nur 100 Kilometer von der marokkanischen Sahara entfernt, Lanzarote direkt nebenan, Gran Canaria bei klarem Wetter in Sichtweite. Weite Dünenlandschaften und Sand, Sand, Sand wie in der Wüste, markante Vulkankegel, türkises Meer, Wind und Wellen – eine traumhafte Mischung für das Urlaubsglück. Reichlich Sonne und Jahresdurchschnittstemperaturen von 21 Grad Celsius, selbst im Januar – Sonnenanbeter sind selig, während der Nordostpassat für eine frische Brise sorgt und im Juli beim Windsurf World Cup seine Hochform entwickelt. Geschützte Buchten sind immer zu finden und es gibt noch viel mehr zu entdecken als Sonne, Sand und Meer. Whalewatching, Kamele streicheln, Naturkosmetik und Ziegenkäse shoppen oder einfach mal offroad fahren und sich wie im Wilden Westen oder am Ende der Welt fühlen – das Glück hat auf Fuerteventura viele Facetten. Wanderer sind am Fuß der Vulkane ganz allein im Reich der Flechten und Lavabrocken. Geologisch faszinierend sind die uralten Gesteinsformationen, die Vulkanausbrüche vom Meeresboden auf die Insel geschleudert haben. Die inspirierende Insel der Weite und Leere bietet ungeahnte Glücksorte, von luxuriösen Ferienwelten bis zu versteckten Felstoren, Palmenoasen, Fischerhäfen und Aussichtspunkten. Unglaubliche Sonnenuntergänge und der Sternenhimmel zum Greifen nah – Tag und Nacht Glück, nach dem auf Fuerteventura niemand lange zu suchen braucht.

Ihre Petra Sparrer

Deine Glücksorte ...

... noch mehr Glück für dich

Strandparadies

1 Playas de Sotavento

Sotavento bedeutet Leeseite, also vom Wind abgewandt, aber dieser himmlische 9 Kilometer lange Strandabschnitt, der zu den schönsten der Insel und vielleicht auch Europas zählt, erstaunt in vielerlei Hinsicht. Im Sommer sind Windstärken von 4 bis 9 nicht selten, ab September bis Frühjahr lässt der Passat nach. In ruhigem Wasser können Windsurf- und Kiteanfänger dann am selben Strand lernen, der jedes Jahr zum Schauplatz der Weltmeisterschaften im Windsurfen und Kiteboarding wird. Zugleich steht er unter Naturschutz und lädt bei Ebbe zu ausgedehnten Wattwanderungen ein. Wäre es nicht viel wärmer, käme man sich vor wie an der Nordsee. Weiter oben geht es durch Salzwiesen mit salzresistenter Vegetation. Auf Ästen sitzen amselgroße Raubwürger *(Lanius excubitor)* und trällern munter vor sich hin. Vor Touristen auf Badetüchern haben sie keine Scheu, nicht einmal wenn sie sich mit ihren Handys für Videos nähern. Ergattern sie eine Eidechse, nehmen sie sie zwischen ihre Krallen und spießen sie auf einen Dorn, um sie dann mit dem Schnabel zu häuten und zu verspeisen. Wer hätte erwartet, auf Fuerteventura Wasser- und Zugvögel – Schnepfen, Raubwürger, Regenpfeifer und weiße Reiher – aus nächster Nähe beobachten zu können? Bei dem kleinen Ort Risco de Paso nicht weit vom Parkplatz Playa de Sotavento bildet sich etwa alle zwei Wochen bei Springtiden zu Voll- und Neumond ein riesiger Lagunensee am Strand, eine fotogene Traumkulisse, ideal zum Plantschen, Durchwaten, Umwandern und Surfenlernen. In einer solchen Weite geht einem das Herz auf, Begeisterung pur. Doch das ist noch nicht alles: Dank der unermüdlichen Passatwinde, die über den Istmo de la Pared wehen, die schmalste Stelle der Insel, sind bei Risco del Paso gleich zwei Wanderdünen entstanden. Hier lässt es sich Ewigkeiten verweilen und das Fotoparadies à la Sahara am Meer bestaunen, auf Sandberge klettern, sich hinunterrollen. Doch bei allem Urlaubsglück bitte den Naturschutz nicht vergessen und auf den Wegen bleiben.

TIPP

Kilometerlanges Wanderglück entlang der Strände zwischen Motto Jable und Costa Calma.

● Playas de Sotavento, 35626 Risco del Paso

Männlein oder Weiblein?

2 Die Molinos in Tefía

Späte Aufklärung auf Fuerteventura? Es gibt männliche und weibliche Windmühlen: Molinos und Molinas. Sie zu identifizieren, wird bei Inseltouren zum Urlaubsspaß. Doch was ist der Unterschied? Das veranschaulichen zwei bildhübsche Exemplare im ländlichen Tefía, nicht weit vom Ökomuseum La Alcogida (Glücksort 56). „El Macho", wie die Inselbewohner die männlichen Molinos auch nennen, findet man am Ende der Straße, die vom Museum zum Observatorium mit einer Jugendherberge für Inseljugendliche führt. „Er" steht hier seit den 1930ern ganz allein in der Landschaft und streckt seine Flügel zum Glück für Fotobegeisterte in den Himmel.

Der imposante, mit Kalk, Stein und Ton verputzte runde Bau ist eine typische Mühle mit drei Stockwerken, wie sie seit dem 17. Jahrhundert Fuerteventuras *tahonas* ergänzten. Mit diesen von Eseln oder Kamelen gedrehten Holzkonstruktionen mahlten die Bauern zuvor selbst auf ihren Höfen. In kargeren Zeiten und trockenen Jahren bestand das gemahlene Gofio, das Grundnahrungsmittel der Insel, nicht einmal aus Mais oder Weizen, sondern aus den Samen der Knotenblütigen Mittagsblume und des Eiskrauts. Mit den Mühlen hielt auch der Beruf des Müllers Einzug, dem die Bauern ihre Ernte lieferten. Unten in der Mühle bewahrte der Müller seine Werkzeuge auf, im Obergeschoss war das Mahlwerk und in der Mitte wurde das Getreide aufgefangen.

TIPP

Das Mühlenmuseum Centro de Interpretación Los Molinos in Tiscamanita verkauft Gofio mit Rezept.

Das weibliche Pendant, die Molina, ist ein moderneres Geschöpf. Ein gewisser Don Isidoro Ortega Sánchez aus Santa Cruz auf der Kanareninsel La Palma erfand sie im 19. Jahrhundert. Ein Musterbeispiel steht an der Durchgangsstraße FV-207, die man vom Molino kommend in einem Bogen erreicht. Der entscheidende Unterschied ist das ebenerdige Mühlhaus, ein quadratischer oder rechteckiger Steinbau neben dem Windmühlenturm. Eine Arbeitserleichterung, denn zum Glück entfiel das Treppensteigen mit schweren Säcken. Jetzt schafften die Arbeit in der Mühle auch Frauen. Doch im spanischen Plural – die Molinos – sind Männlein und Weiblein wieder vereint.

- Molina de Tefía, Lugar Tefía, 37, 35611 Tefía
- Molino de Tefía, FV-221, 35611 Tefía
- ÖPNV: Haltestelle Ecomuseo Tefía

Quirliges maritimes Leben

3 In der Bar La Lonja am Hafen von Corralejo

„*Un café solo, un cortado*“, ruft der Kellner und eilt mit dem Tablett auf die Terrasse. Die Bar Lonja ist ein beliebter Treffpunkt im Hafen von Corralejo. Davor dümpeln kleine Fischerkähne aus Holz neben Luxusjachten und Ausflugsbooten – Jollen, Speed- und Glasbodenboote, Wassertaxis und Katamarane werben um Touristen. Vor der Lonja starten fast alle 10 Minuten Boote zur nahen Isla de Lobos. An der langen Mole reihen sich etliche Info- und Ticketschalter für Whalewatchingtouren, Jetskiverleih, Schnorchel- und Katamaranausflüge, Hochseeangeln etc. Die Touristeninfo hat auf einer großen Tafel mit Kreide die Preise für diverse Aktivitäten geschrieben. Ein Freizeitmarktplatz unendlicher Möglichkeiten. Neben der Lonja liefern die Kleinfischer ihren Fang in der Halle der Fischereigenossenschaft *(cofradía)* an. In der Bar sitzt man direkt an der Quelle: Kürzer könnten die Wege auf den Teller nicht sein: Pulpo, Fisch-Tapas oder einfach Fisch des Tages *à la plancha* und schon ist das Glück perfekt. Noch dazu an diesem Beobachtungsposten des quirligen Hafenlebens par excellence. Wartezeiten auf ein Boot oder eine Fähre vergehen wie im Flug. Nirgends sonst auf den Kanaren herrscht derart viel Verkehr auf dem Wasser. Hinter der Marina mit den kleineren Booten legen die großen Autofähren von Fred Ohlsen, Naviera Armas und Lineas Maritimas Romero an. Mit Überfahrten zwischen 25 und 45 Minuten sorgen sie für häufige Verbindungen nach Playa Blanca auf der Nachbarinsel Lanzarote.

Maritimes Leben pur in einer wilden Mischung aus touristischer Aktivität, Fischerflair und kanarischem Alltag – ein ständiger Balanceakt. Die Artenvielfalt in den Riffen der Meerenge ist ein großes Glück. Fotogene Zackenbarschskulpturen an der Mole, bunte Fische, eine große Caretta-Caretta-Schildkröte und ein Taucher auf die Fassade der Lonja gemalt stehen für das Unterwasserparadies vor der Tür. Ein Glück, das es festzuhalten gilt, meinen Umweltschützer, und protestieren gegen Pläne einer Hafenerweiterung.

- La Lonja, Calle Playa Cho Leon s/n, 35660 Corralejo
- ÖPNV: Haltestelle Muelle Corralejo

BAR
la lonja

Ein Hauch von Ewigkeit

4

Am heiligen Berg Tindaya

Fuerteventuras Kirchen sind oft geschlossen und das Glück, einen Blick ins Innere zu erhaschen, hat oft nur, wer in die Messe geht. Für Kunstinteressierte lohnt sich das in Tindayas Kapelle Nuestra Señora de la Caridad, denn hier hängen zwei eindrucksvolle Werke kanarischer Barockmalerei: „Der Traum von San José“ und „Die unbefleckte Empfängnis“, Künstler unbekannt. Und nach der Messe kann man sich in der Bar am Straßenrand unter die Inselbewohner mischen und das Ambiente fernab der Ferienwelten an den Stränden der Ostküste genießen. Ansonsten wirkt das Bauerndorf oft wie leer gefegt. Allenfalls können Touristen Käse direkt vom Erzeuger kaufen oder sich vom Kirchplatz aus an der malerischen Kulisse des heiligen Bergs Tindaya erfreuen und ein wenig die ländliche Umgebung mit inseltypischen Terrassenkulturen *(gavias)* durchstreifen.

TIPP
Das Restaurant Los Podomorfos de Tindaya hat eine Terrasse mit Blick auf den heiligen Berg.

Der Berg gilt den Bewohnern Fuerteventuras bis heute als heilig und schützenswert. Er ist zwar nur 400 Meter hoch, aber besteigen darf man ihn nur mit einer – selten erteilten – Genehmigung der Inselregierung – sprich so gut wie gar nicht, dafür aber die knappe 3 Kilometer entfernte Montaña de Enmedio (523 Meter). Wer hier in der Landschaft steht, die Ruhe genießt und zu der rotgolden schimmernden Montaña Tindaya hinüberschaut, spürt die Aura der heiligen und mysteriösen Stätte des Sonnenkults der Ureinwohner. Umso mehr, wenn man die Augen mit dem Schattenspiel der Berge wandern lässt, dass seit den alten Guanchen einem ewigen Rhythmus folgt. Zur Wintersonnenwende fällt der Schatten des 100 Meter höheren Nachbarbergs auf den Tindaya. Hier beschworen die Majoreros die Götter, die Sonne möge immer zurückkehren. Archäologen rätseln bis heute, was es mit den Podomorfos auf sich hat, den am Gipfel in den Fels geritzten Füßen. Der Berg besteht aus Trachyt, einem begehrten Baumaterial, weil es dem Zahn der Zeit standhält. Zum Glück wurde der Steinbruch am Hang stillgelegt und der Berg nicht mehr angetastet, damit der schnöde Mammon seine Heiligkeit nicht entweiht.

- Montaña Sagrada de Tindaya, 35649 Tindaya
- ÖPNV: Haltestelle Tindaya Iglesia

Naturdenkmal

5 Puerto de la Peña und Höhle von Ajuy

Fischerboote liegen auf dem schwarzen Lavastrand vor den niedrigen weißen Häusern von Ajuy. An den Wellen kann man sich hier oft kaum sattsehen. Besucher lockt eine geologisch spannende Küstenwanderung und die frische, maritim geprägte Küche – Tapas, Fisch und Meeresfrüchte, besonders authentisch im Restaurant La Maresia. Die Theke ist einem Fischerboot nachempfunden und der Pulpo macht Appetit auf mehr.

Der Puerto de la Peña, Hafen der Felsjungfrau, steht seit 1994 mit 31,8 Hektar Fläche unter Naturschutz und ist Teil des Naturparks Betancuria. Die Felswand an der Treppe zum Küstenweg datierten Geologen als älteste Gesteinsformation der Kanaren auf 30 Millionen Jahre. Vulkanische Aktivität schleuderte bei der Inselentstehung rund 100 Millionen Jahre alten Basaltkomplex aus der Jura- und Kreidezeit aus den Tiefen des Meeresbodens empor. Gesteinsschichten verschiedenen Alters bekamen Risse, die sich mit Lava füllten. Die obere weiße Schicht besteht aus versteinertem Sand mit Meeresfossilien.

Ein Küstenweg führt zu einem Kalkbrennofen, der im 17./18. Jahrhundert von oben mit Kalksteinplatten beladen und befeuert wurde. Unten kam der Kalk, ein begehrter Baustoff, direkt auf die Schiffe. Bei zu hohem Seegang machten die Kapitäne wahrscheinlich eine Pause. Ist das Meer zu wild, ist auch die Treppe zu der großen Felshöhle Cueva de Ajuy gesperrt. Bei ruhigem Wetter kann man in der Höhle auf Meeresspiegelhöhe im Erdinneren stehend für sich selbst entscheiden, ob das ein beklemmendes oder ein beglückendes Gefühl ist. Abenteuerlich! Sie soll ein Piratenversteck gewesen sein.

Auf den weißen Klippen kann man mit ganz viel Glück beobachten, wie Mitarbeiter des Umweltamts junge Möwen in die Freiheit fliegen lassen. Immer wieder fliegen geblendete Möwenkinder auf Fuerteventura nachts gegen Lichtquellen wie Laternen und stürzen ab. Nach ihrer Rettung werden sie aufgepäppelt und wieder in die Freiheit entlassen. Manchmal in Ajuy. Ein magischer Moment.

TIPP

Die Fiesta de San Juan (die Sommersonnenwende) in der Nacht des 23. auf den 24. Juni ist in Ajuy ein Erlebnis.

- Puerto de la Peña, 35628 Ajuy
- Cuevas de Ajuy, 35628 Ajuy
- ÖPNV: Haltestelle Playa Ajuy

Frischer Fisch im Nichts

6

Puerto de la Cruz, Punta Jandía

Planierraupen glätten regelmäßig die holprige Schotterpiste bis ans Ende der Punta Jandía. So sind Ausflüge mit dem Pkw im Schritttempo möglich. An dieser Landspitze, rund 20 Kilometer von Morro Jable entfernt, ist Fuerteventura wahrhaft karg und leer. Buggy-Safaris bieten meist kurze Stippvisiten. Surfanbieter zweigen mit ihren Vans von der Hauptroute Richtung Meer an einsame Buchten ab. Schon lange vor dem Fischerort Puerto de la Cruz kommt Endzeit-Stimmung auf. Ganz besonders mysteriös wirkt die weite Leere, wenn der trockene, heiße Calima den Himmel mit feinem Wüstensand aus der Sahara gelblich färbt. Dann ist es dunstig, die Möwen ducken sich am Strand vor den Fischerhäusern von Puerto de la Cruz und die Sicht reicht nicht einmal mehr über den hellen Sandstreifen bis zum nahen Leuchtturm der Punta Jandía, wo die Inselwelt definitiv zu Ende ist.

TIPP

Noch mehr ins Nirgendwo führt ein Spaziergang zur Punta Pesebre mit solarbetriebenem Leuchtfeuer.

Ein paar Wohnwagen bieten zusätzliche Unterkünfte für Einheimische und Arbeiter. Sie helfen den Fischerfamilien, die in einer Handvoll Restaurants ihren dem wilden Meer abgetrotzten Fang des Tages servieren. Der sympathische Echoucaine Elaoud ist froh über seinen Job im Restaurant El Tenderete. Fragt jemand, was es heute gibt, zeigt er schon mal stolz einen dicken Fisch aus dem Kühlschrank vor, während sich der Besitzer des Fischerboots an der Theke einen Kaffee genehmigt. Das Ambiente stimmt und wie auf dem spanischen Festland gibt es eine gut sortierte Bar mit großer Wein- und Spirituosenauswahl, einem Fernseher und einer Truhe für Eis am Stiel. Weiß gedeckte quadratische Holztische zwischen Natursteinmauern und eine Terrasse, erstaunlich einladend abseits vom Rest der Zivilisation. Strom aus einem Dieselaggregat versorgt die etwa 20 Bewohner und es gibt eine Wasseraufbereitungsanlage – das Windrad ist nicht in Betrieb. Was für ein Glück, dass Touristen die Fischrestaurants lieben und die Fischer in ihren großen Geländewagen jederzeit nach Morro Jable zum Einkaufen fahren können.

● 35625 Puerto de la Cruz
● ÖPNV: Haltestelle Puerto de la Cruz

AVISO · NOTICE · AVIS · ANZEIGE

Gigantisch

7 Impressionen am Mirador de Guise y Ayose

Es ist 4000 Jahre her, seit auf Fuerteventura ein Vulkan ausgebrochen ist. Wissenschaftler fanden heraus: Vulkanausbrüche hoben die älteste Kanareninsel vor gut 23 Millionen Jahren aus dem Meer und ließen sie nach und nach an Fläche gewinnen. Zum Vergleich: Die Insel La Palma entstand vor 1,7 Millionen Jahren, ihr höchster Berg, der Roque de los Muchachos, ist 2426 Meter hoch, Fuerteventuras Pico de la Zarza nur 807 Meter, der Naturpark Betancuria nicht über 700 Meter. Wie viel Zeit vergangen ist und was das bewirken kann, erzählt die sanfte Hügellandschaft, die inklusive Meeresfossilien von den Dreitausendern von einst übrig blieb. Seit der Entstehung der Insel trug Erosion bereits über ein Drittel des Gesteins ab, im Bergmassiv von Betancuria zeigen die Kanaren ihr ältestes Gesicht, mit runden Wangen, ockergelb, runzlig und mit vielen langen Kerben.
Besonders imposant sieht es von oben aus und die Aussichtspunkte an der Panoramastraße FV-30 sind auch für Wanderer gut zu erreichen. Auf einem Teilstück der vierten Etappe des GR-131 ab Valle de Santa Inés kommt man zum Mirador de Guise y Ayose und von dort hinab nach Betancuria über die Ruine des Klosters Convento de San Buenaventura (Glücksort 11). Wanderer werden im eigenen Rhythmus eins mit der Natur. Nach dem letzten Anstieg, den die Erosion zum Glück human gestaltet hat, stehen sie dann plötzlich vor zwei Giganten, die das Panorama über die in Jahrmillionen geschrumpfte Vulkanlandschaft täglich genießen können. Über 4 Meter hoch sind die beiden Bronzestatuen in maskuliner Pose am Mirador: Guise und Ayose, die Stammesfürsten des Nordens und Südens, die vor der Eroberung Fuerteventuras durch die Spanier 1402 gemeinsam über rund 1700 altkanarische Einwohner regierten, die Majoreros. Guise herrschte über den Maxorata im Norden, Ayose auf der Halbinsel Jandía im Süden jenseits von Ajuy. Vergangenheit hin oder her, der Blick ist toll und Selfies mit den großen Muskelmännern sorgen noch lange nach dem Urlaub für Heiterkeit.

● Mirador de Guise y Ayose, FV-30, 35637 Betancuria

Gruß aus dem alten Madrid

8 Streifzug zum Kulturerbe von La Oliva

Hier kann man es sich gut gehen lassen: auf den Stühlen vor dem Kiosk auf dem Kirchplatz. Als vielleicht einziger Ort auf Fuerteventura strahlt La Oliva mit breiten Straßen als Sichtachsen repräsentative Weite aus. Und hinter den Gebäuden des historischen Verwaltungsorts, bekannt für gute Steuereinnahmen, ragen in der Ferne die Vulkankegel von Tindaya und La Arena auf. Mitten auf dem Platz plätschert ein Brunnen, Blickfang ist der große Glockenturm aus dunklem Naturstein, der einst zugleich als Wachturm diente, ein Kontrast zur weißen Fassade der Kirche Nuestra Señora de la Candelaria. Kirchenbesucher bestaunen die Holzdecke im Mudéjar-Stil und das Altarbild des kanarischen Barockmeisters Juan Ventura de Miranda Sejas y Guerra (1723–1805). Am 2. Februar, zu Mariä Lichtmess, füllt sich die Kirche und jeder bringt für die Lichterprozession nach der Messe eine brennende Kerze mit. Ein authentisches emotionales Erlebnis, falls man das Glück hat, dabei zu sein.

Die Kirche ist neben der von Betancuria Fuerteventuras einziger dreischiffiger Sakralbau. Bis 1708 wurde die Insel von Betancuria aus feudal regiert, bis das von Madrid eingesetzte Militärregiment von 1708 bis 1885 sich in La Oliva niederließ und das Zepter übernahm. La Olivas Rathaus verwaltet noch immer den Norden ab Puerto del Rosario und die Isla de Lobos. Geblieben sind die einstigen Herrenhäuser der Oberstfamilien, die nun größtenteils der Inselregierung gehören, die für Besucher auch die Ruta de los Coroneles ausgeschildert hat. Nicht weit vom Kiosk sorgen Kunsthandwerker und Biobauern bei einem kleinen Markt in der Casa del Coronel für Shoppingglück mit Flair. Das zweistöckige Haus mit Innenhof ist ein schönes Beispiel für ein luxuriöses Oberstwohnhaus. Einen guten Kilometer weiter am Ortsrand noch eine Station der Ruta: die Casa de los Coroneles im spanischen Kolonialstil mit Holzbalkonen, Türmen und Zinnen, heute Museum, früher Wohnsitz der reichen Familie Cabrera Béthencourt.

- 35640 La Oliva
- ÖPNV: Haltestelle La Oliva, Farmacia – LO

Im Farbfilterrausch

9 Auf dem GR-131 über die Isla de Lobos

Auf der Isla de Lobos, 2 Kilometer vor Fuerteventura, lockt ein einzigartiger Blick zum Festland und zu den Dünen von Corralejo. Die Bootsfahrt durch den Río, die nicht sehr tiefe Meerenge, kann ein Abenteuer werden. Wenn der Seegang hoch ist, freut sich jeder, dass die Überfahrt nur 15 Minuten dauert. An anderen Tagen käme man auch mit dem Stand-up-Paddle oder schwimmend hin. Aber nicht ohne den Lobospass: Pro Tag sind nur 400 Besucher erlaubt, und das wird kontrolliert. Von der kleinen Insel bringt man unvergessliche Eindrücke und farbintensive Fotos mit. Gut, dass sie geschützt ist, denn lange Zeit beuteten die Menschen sie aus. Sie jagten die Robben, gewannen Pottasche, Kali und Soda zum Backen, Waschen und Düngen aus den Mineralien filternden Salzpflanzen und brannten Kalk für den Export. Außerdem gab es eine Fischkonservenfabrik und Salinen zur Konservierung.

Purpurschnecken lieferten schon den Römern auf Lobos lukrativen Farbstoff und eine seltene Färberflechte ergab wertvolles Karmin. All dies erfährt man kurz hinter dem Bootsanleger im Infozentrum. An der malerischen Caleta de la Rasca, dem ersten Badespot, stehen ein tagsüber bewirtschaftetes Snack-Restaurant mit Terrasse und ein paar alte Fischerhäuser. Das Meer leuchtet karibisch wie durch einen Farbfilter. In die Sonne blinzeln, träumen, genießen, so einfach kann Glück sein. Wer nicht nur einfach faulenzen mag – sehr verlockend –, folgt seinem Entdeckerelan und dem GR-131 die ganzen 3,5 Kilometer rund um und über die Insel. Das bedeutet mindestens 1,5 Stunden reine Gehzeit, aber viele schöne Orte verleiten zum Verweilen und die Uhrzeit für die Rückfahrt mit dem Boot ist im Voraus gebucht. Am Wegesrand: der Leuchtturm des Faro Martiño, seit 1968 automatisch betrieben. Seitdem ist die Insel unbewohnt. Die Playa de la Calera ist für viele an heißen Tagen das einzige Ziel. Ein Abstecher führt auf die 127 Meter hohe Caldera de la Montana. Die Belohnung: der Blick von dem Vulkankegel weit über den Inselhorizont hinaus.

● GR-131, Abfahrt mit dem Boot an der Muelle Corralejo, 35660 Corralejo
● ÖPNV: Haltestelle Muelle Corralejo

Lebenskünstlertreff

10 Lajares: Surferhochburg im Inselinneren

Hecho a mano (handgemacht), *sostenible* (nachhaltig) und Upcyling steht auf einem Holzschild vor einem Laden. In Lajares verarbeiten Kunsthandwerker altes Spielzeug oder gesammeltes Plastik kreativ in etwas Neues. In einem Eckhaus gibt es nette Recycling-Produkte zu kaufen – die Tür steht auf, aber geschlossen ist trotzdem: Die Ladeninhaberin macht Hausaufgaben mit ihrer Tochter. Am Kreisverkehr gibt es einen Supermarktparkplatz direkt gegenüber von El Goloso, einer französischen Bäckerei mit köstlichen farbenfrohen Patisserien und Macarons – zum Mitnehmen oder Sofortverzehr auf der Dachterrasse. Zu den kanarischen Einwohnern des Surferhotspots im Inselinneren hat sich eine bunte Community gesellt: Alternative, Kunsthandwerker und Sonnenanbeter, viele arbeiten im Homeoffice, als Surflehrer oder Guides. Markenmodeshops und Läden für Surfequipment und Boardreparatur prägen das Bild, der Bekannteste ist Northshore. World-Cup-Profi Jürgen Hönscheid aus Sylt und seine Frau eröffneten den Shop 1998. Heute helfen die Töchter beim Verkauf maßgeschneiderter Boards und der eigenen Shirt-Kollektion.

TIPP
Unwiderstehlich: das Amiga Mia Rooftop und der Käse- oder Karottenkuchen im Pastelo.

Die Kleinbusse der vielen Surfschulen von Lajares können mehrmals am Tag zu einem anderen nahen Surfspot fahren, nach Corralejo, El Cotillo und an die Northshore, je nach Wind und Niveau ihrer Surfschüler. Canela Café und Return Bar heißen die abendlichen Szenetreffpunkte. Ein nettes Flair, Partys und Livemusik steigern das Glücksgefühl im kultigen Lajares. Bemalte Hausfassaden und Skulpturen erzählen von Musik. Lajares hat aber auch eine Arena für kanarischen Ringkampf, Windmühlen und eine Kapelle, die Ermita de San Antonio. Palmen, Kakteen, das Vulkangestein der nahen Lavafelder des Malpais de la Caldera Encantaba als Baumaterial – in den Nebenstraßen wird es ländlich kanarisch. Esel grasen an der alten Straße nach El Cotillo, an der die Bodega Conatvs (Glücksort 34) zu den Anrainern zählt. Modernes Leben und landwirtschaftliche Ursprünge gehen eine beglückende Verbindung ein. Vielfältig und authentisch.

- 35650 Lajares
- ÖPNV: Haltestelle Bar Los Pinchi Lajares oder Lajares Supermercado

taller
ndmade & upcycled
cria tura
Please...
deposit your
broken inflatable
pool toys here
...We'll give them a new life.
WWW.BESTWAYCORP

Kirche ohne Dach

11

Das Kloster Convento de San Buenaventura

Betancuria – „schönstes Dorf Spaniens“: ein Superlativ und eine Auszeichnung, die nur 104 Dörfer in ganz Spanien bekommen, darunter sind nur fünf auf allen sieben Kanarischen Inseln. Die Wehrkirche mit Glockenturm, im 17. Jahrhundert wiederaufgebaut, ist ein Blickfang mitten im Ort und die an den Hang geschmiegten Dorfhäuser ergeben ein Bild der Harmonie in homogenem Weiß. Ganz schön viel Beschaulichkeit und etwas zu sehr belagert, wenn Touristenbusse Ausflügler aus den Hotels von der Küste für eine Sightseeingtour und ein Essen absetzen. Manch ein Individualist genießt lieber die tollen Wandermöglichkeiten der Umgebung oder sucht nach der atemberaubenden Anfahrt durch kurvige Bergstraßen erneut Ruhe und Einsamkeit. Zu Fuß oder mit dem Auto geht es über die Calle Presidente Hormiga Richtung Antigua zu einem verwunschenen Lost Place, der diese Art von Glückswunsch erfüllt und sehr fotogen ist. Die Kirchenruine des Franziskanerklosters Convento de San Buenaventura hat kein Dach mehr, auch die kunstvoll geschnitzte Holzdecke von einst fehlt. Als Spaniens Klöster 1836 aufgelöst wurden, nutzte die Bevölkerung das Baumaterial.

Durch tragende gotische Gewölbebögen, die Plünderung und Verfall standhielten, strahlt der ewige blaue Himmel wie eine Befreiung von allen Beklemmungen, die sich in der Strenge sakraler Bauten einstellen können. Meist sind Besucher hier vollkommen allein und bestaunen, was die Jahrhunderte von vergangenen Zeiten übrig ließen. Den Grundriss, das typische lateinische Kreuz, die Klosterfundamente. Sieben Franziskaner errichteten das Kloster im Auftrag von Papst Benedikt XIII. im 15. Jahrhundert, um erstmals in Übersee zu missionieren: die kanarischen Ureinwohner. Eine Steinbrücke führt zur Ermita de San Diego, der Einsiedelei eines der Mönche, denen die Felsmadonna Virgen de la Peña erschien. Ein mystischer Ort Legenden prägender Frömmigkeit, der auch mit seiner Vegetation bezaubert.

TIPP

Im Boutiquehotel Santa Maria Luxury Rooms relaxt man in großen Zimmern mit toller Aussicht vom Balkon.

● Convento de San Buenaventura, San Diego de Alcalá s/n, 35637 Betancuria

BETANCURIA
VILLA HISTORICA

Küstenziegen

12 Zur Magmablase im Valle de la Cueva

Direkt hinter dem Biobauenhof Verdeaurora (Glücksort 53) beginnt das Land der Fuerteventura-Schmutzgeier und der in Halbfreiheit umherstreifenden *cabras de costa* (Küstenziegen). Wer dem Rundwanderweg Ruta 3 – SL Valle de la Cueva – Jacomar (17,7 Kilometer) ein Stück folgt, erspäht vielleicht am Himmel den weißen Bauch des Guirre und seine aufgespannten Flügel mit schwarzem Rand. Bis zu 1,65 Meter kann die Spannweite betragen. Vulkankegel und ein krustiger schwarzer Lavastrom prägen die Landschaft rechts und links einer Schotterpiste. Der Richtungspfeil La Cueva weist auf eine Höhle hin, bei der es sich geologisch um eine Magmablase handelt. Ein spannendes Fotomotiv, das sich mit etwas Vorsicht auch von innen erkunden lässt. Auch die wendigen, robusten und doch scheuen Majorera-Ziegen streifen hier gern umher. Es macht große Freude, die bunt gescheckten Ziegen zu beobachten, eine eigene Rasse. Mal farblich gut getarnt dunkelbraun, mal rostrot, schwarz-weiß oder braun-weiß gefleckt wie Milchvieh spazieren sie durch die Landschaft. Nach langer Auslese über Jahrhunderte geben sie heute von allen kanarischen Ziegenrassen die meiste Milch und kommen doch mit höchst spärlicher Vegetation aus, viel genügsamer als Esel. Siedler aus Nordafrika brachten sie wohl einst mit. Rund 80.000 Ziegen soll es heute auf Fuerteventura geben und um die 20 Majorero-Käsehersteller. Jedes Tier trägt einen Chip. Die Besitzer haben Pferche eingerichtet, um sie zu füttern und zusammentreiben.

TIPP

Wild und schön: Die Bucht von Jacomar und das Fischerdorf sind nur über Schotterpisten erreichbar.

Zum Wandern ist es oft zu heiß, aber auch mit dem Pkw ist die kuriose Magmablase über eine planierte Schotterpiste zu erreichen, ein Glücksort mit Wildwestambiente. Das Valle de Cueva ist das nördlichste der drei Täler des Naturdenkmals Los Cuchillos de Vigán, in dem Gipfelketten wie lange Messer die Ebenen säumen. Hier offenbart das vulkanische Malpais – das „schlechte, unfruchtbare Land" – seine raue dunkle Schönheit. Eine Verlockung, sich frei und glücklich ganz bequem motorisiert von der modernen Zivilisation zu entfernen.

● Valle de la Cueva, Tenicosquey, 7, 35630 Antigua

Traum für Golfer

13 Das Hotel Elba Palace in Caleta de Fuste

In Golferkreisen ist es eine der ersten Adressen auf Fuerteventura und auch ihre Partner fahren gerne mit, selbst wenn sie nicht Golf spielen. Das Fünfsternehotel Elba Palace Golf & Vital Hotel in Caleta de Fuste liegt wie eine Palmenoase auf einem sanften Hügel über dem Meer am Rand des 18-Loch-Golfplatzes. Hier können Spieler mit professioneller Unterstützung in ein- oder mehrtägigen Golf-Clinics oder -Kursen in ihrer Muttersprache ihre Technik verbessern und regelmäßig an Turnieren teilnehmen. Britische Eleganz trifft auf kanarisches Flair, vom opulenten Frühstück in der Hoyo 19 Bar oder auf der Terrasse mit Golfplatzblick unter Palmen bis zum Büfett-Dinner im Innenhof. In der Mitte plätschert ein Brunnen. Hohe Palmen überragen die Architektur im Stil einer kanarischen Villa. Die Hotelrezeption in der eleganten Halle mit imposantem Buntglaseingang fungiert zugleich als Clubhaus, wo Greenfees und Startzeiten gebucht werden können. Schläger vermietet der schicke Markenshop gegenüber.

Der Par-72-Platz, Fuerteventuras erster Golfplatz, heute größtenteils mit Wasser aus Entsalzungsanlagen bewässert, wird am Abend zur Spielwiese bunter Vögel und Enten. Um sie zu sehen, braucht man sich nur aus dem balinesischen Bett am Pool zu erheben. Ein Fitnesscenter, Sportmassagen und Schönheitsbehandlungen von Kopf bis Fuß vollenden das Golferglück. Der Zusatz „Vital" im Hotelnamen steht auch für die gesunden Zutaten der gehobenen Küche, die Tradition und zeitgemäße Internationalität vereint. Im Keller lagern 300 Weine und über dreimal so viele Brandys. Ein Hotel, das mit dem adäquaten Budget Urlaubsträume verwirklicht, ohne es je verlassen zu müssen. Doch der Service wäre nicht vollständig, gäbe es nicht auch den kostenlosen Shuttle zu den Einkaufszentren und Nachbarhotels von Caleta de Fuste. Vom pittoresken Castillo zur einstigen Verteidigung gegen Piraten führt eine lange Promenade am Hafen, an Pauschalhotelanlagen und dem goldgelben breiten Badestrand entlang. Künstlich angelegt, aber gelungen.

● Elba Palace Golf & Vital Hotel, Urbanización Fuerteventura Golf Club, Calle del Golf, 1, 35610 Caleta de Fuste, www.hoteleselba.com
● ÖPNV: Haltestelle Calle Atlantico, Caleta del Fuste

Karibikflair

14 Popcornstrand und Surfspot Majanicho

Surfschuhe anziehen, das Riff hat scharfe Kanten, aber immerhin gehört die Bucht von Majanicho zu den wenigen Surfspots an der Nordküste, die als nicht allzu gefährlich gelten. Noch um die 30 gemeldete Einwohner zählt der alte Fischerort. Hier herrscht meist Ruhe, man kennt sich, hält zusammen und ist an zeitweiligen Besuch von Touristen gewöhnt. Die meisten Bewohner sind kanarische Sommerfrischler und Ferienhausbesitzer.

Majanicho besteht aus ein paar bunt gestrichenen, nach Flickwerk der Eigenmarke aussehenden Häuschen *(casitas)* mit Terrassen am Meer. Hier und da Solarzellen auf dem Dach oder eine Mauer aus vulkanischem Gestein, die ein oder andere Palme vor dem Haus und das türkis schillernde Meer. Sieht bei aller Einfachheit himmlisch aus, wie in der Karibik.

Pure Urlaubsglücksmomente für Individualisten. In der Bucht dümpeln ein paar Boote. Die der Jungfrau Maria geweihte kleine Kapelle Nuestra Señora del Pino ist das einzige öffentliche Gebäude. Cafés oder Restaurants gibt es im Ort nicht. Also ein Picknick mitbringen, falls man über den Küstenwanderweg vom Faro de Tostón zu Fuß kommen sollte (10 Kilometer).

An der Playa kann man sich fühlen wie in einem privaten Wohnzimmer, so strahlend weiß ist der Sandstreifen nah vor den Häusern, dann wieder zeigt sich der Strand bei Ebbe sehr breit und voller Seegras – und jede Menge Popcorn, das ihn unfreiwillig berühmt machte! Seit der Popcornstrand ständig im Internet und bei Instagram gepostet wird, kommen immer mehr Besucher. Popcorn sammeln ist jedoch streng verboten und am Flughafen drohen Kontrollen und Geldstrafen. Die flockigen schneeweißen Kügelchen sind zum Reinbeißen zu hart, machen aber viel Spaß. Es sind Rodolithen – Kalkalgen, die am Meeresboden leben und versteinert ans Ufer gespült werden. Durch Erosion werden sie mit der Zeit zu noch mehr paradiesisch weißem Sand. Schon allein deshalb soll man sie liegen lassen und einfach nur bestaunen. Entdeckerglück!

● Playa El Majanicho, Calle Majanicho, 98, 35650 Majanicho

Zeitreise

15 La Cilla, das Kornmuseum in La Oliva

Ein rechteckiges Steingebäude in Weiß mit Olivenbaum davor ist im Dorf La Oliva ein Blickfang an einer Ausfallstraße, nur ein paar Schritte von der Kirche entfernt. Hier hält die Zeit ihren Atem an. Wer über die Schwelle des Kornmuseums tritt, taucht mit jedem Schritt tiefer ein in die Welt der Landwirtschaft von einst. In guten Jahren konnten auf der Insel im 19. und Anfang des 20. Jahrhunderts beträchtliche Getreideernten eingebracht werden. Hauptanbauprodukte in extensiver Trockenlandwirtschaft waren Weizen, Gerste, Roggen, Hülsenfrüchte und Mais. Und das pittoreske Gebäude des Museo del Grano ist die authentisch restaurierte ehemalige *cilla,* der Getreidespeicher für das auf Grund und Boden der Kirche geerntete Korn und des Zehnten, den die Bauern auf Fuerteventura wie überall in Spanien als Steuer abgeben mussten. Kaum Fenster, einige Öffnungen, damit innen Luft zirkulieren kann, nur wenig Sonnenlicht dringt ein und innen ist es angenehm kühl. Perfekte Lagerbedingungen. Am Boden Terrakottafliesen, mit Lehm verputzte Wände, Schwarz-Weiß-Fotos der Landarbeit mit der ganz eigenen Ästhetik der Schlichtheit.

Erfreulich minimalistisch und wenig überladen zeigt das Museum effektvoll die wichtigsten Utensilien einer für die Insel damals noch überlebenswichtigen Landwirtschaft. An den Wänden ausgewählte historische Arbeitswerkzeuge – hier ein Rechen, dort das Joch für Gespanne mit Eseln, Ochsen und Kamelen, ein Vara – ein spitzer Stab zum Tiereantreiben, mit einem Gitter zum Reinigen des Pflugs am anderen Ende. Am Modell der Absolventen einer Landwirtschaftsschule der Insel versteht man das Prinzip der *gavias,* Terrassen des Trockenfeldbaus, eingefasst von Steinmauern mit Wasserein- und -auslass mit dem Ziel der optimalen Nutzung lebensspendenden Wassers. Ins Staunen versetzt etwa das dicke Dreschbrett aus Holz, übersät mit Löchern, in denen kleine Steine stecken. Schon erscheinen vor dem inneren Auge Szenen harter Knochenarbeit auf einem Dreschplatz. Die Zeitreise ist gelungen.

TIPP

Am Kirchplatz beginnt die dritte Etappe des Fernwanderwegs GR-131 nach Tefía (6,5 Stunden, 16,85 Kilometer).

● La Cilla, Museo del Grano, Calle la Orilla, 5, 35640 Villaverde
● ÖPNV: Haltestelle Iglesia La Oliva

LA CILLA

Palmschatten & Solarzellen

16 Auf dem Kirchplatz von Antigua

Vor der Polizeistation treffen sich Jugendliche auf der *banco solar*, einer Sitzbank mit Solarzellen zum Handyaufladen. Palmen, Lorbeer- und Drachenbäume spenden Schatten. Traumhaftes Grün mit Siesta- oder Abendflair. Herrenhäuser, das Gemeindeamt und eine Bibliothek säumen den feudal großen Kirchplatz. In der Tapasbar El Sitio tauschen sich Fans *(aficionados)* über die letzten Siege von Unión Antigua aus. Der lokale Club für kanarischen Ringkampf verschafft Antigua immer wieder inselweites Ansehen und Respekt. Auf den Terrassenstühlen vor der Kirche zu verweilen, gehört zum kleinen Ferienglück. Platz und Kirche wirken überdimensioniert, eher wie in Lateinamerika oder auf dem spanischen Festland, eine Erinnerung an goldene Zeiten, als in dem historischen Ort in der ebenen Inselmitte Getreidemühlen klapperten und Gofio für die Nachbarinseln verarbeiteten. Eine ist noch im Museo de Queso Majorero zu bewundern.

Eine kurze Zeit brachte Antigua es 1834/35 nach Betancuria und vor Puerto del Rosario zur Inselhauptstadt. Bourgeoisie und Adel ließen aus einer *ermita* des 16. Jahrhunderts eine standesgemäße Kirche mit Kuppel auf dem Glockenturm errichten. Eine Holzdecke aus kanarischer Kiefer im Mudejar-Stil, Säulen und Altar aus Kalksandstein, in Marmorfarben bemalt, vieles in dem einschiffigen Kircheninneren zeugt von Wohlstand und tief verwurzeltem spanischen Katholizismus. Zu den Heiligenfiguren zählt die namensgebende Jungfrau Antigua, die im Mittelalter bereits in Léon und Andalusien verehrt wurde.

Jedes Jahr Mitte September treffen auf dem Kirchplatz scharenweise Pilger ein, junge und alte Teilnehmer der zweitägigen Wallfahrt Fiesta Nuestra Señora de la Peña zu Ehren einer anderen Jungfrau. Ihr Ziel ist die alte Felsenkapelle im Barranco de las Peñitas, über einer Höhle, dem Fundort der kleinen Alabasterstatue der Virgen de la Peña, die wohl im Jahr 1404 mit Jean de Béthencourt als ältestes christliches Relikt auf die Kanaren gelangte.

TIPP

Im Mai geht es in Antigua bei der beliebten Kunsthandwerkermesse trubelig zu.

● Iglesia de Nuestra Señora de Antigua, Calle Plaza, 3, 35630 Antigua
● ÖPNV: Haltestelle Ayuntamiento Antigua

Entdeckerglück

17 Bei den Mahos im Poblado de la Atalayita

Malpais (schlechtes Land) heißen die Lavaströme, hinterlassen von den Vulkanausbrüchen, die Fuerteventura formten. Hier wächst nichts, meinten die Bauern. Die scharfen Steine bieten Schutz vor Eindringlingen aus dem Hinterland, waren die Ureinwohner (Mahos) überzeugt, die ihre 1 Meter tiefergelegten, kühlen Hütten und Lagerhäuser aus Lavabrocken im Windschutz des Vulkankegels Lomo de la Atalayita errichteten. Unbedingt auf diesen erodierten Hügel steigen, 360 Grad um die eigene Achse drehen, den Blick über den Barranco, die Lavafelder, die mysteriösen Ruinen, nachempfundenen *casas hondas* und Ziegenpferche der Ausgrabungsstätte und zum Meer wandern lassen. Piraten oder Eroberer ließen sich hier gut sichten. Ein archaischer Ort, an dem man sich mit den Ureinwohnern verbunden fühlt.
Dazu biegt man von der Nord-Süd-Verkehrsachse FV-2 auf die schmale FV-420 nach Pozo Negro ab und durchquert menschenleeres, karges schwarzes Land. Rechts beginnt die Schotterpiste zum Freilichtmuseum, spätestens hier erwacht der Entdeckergeist. Eine erstaunliche Gruppe Oscher *(Calotropis procera)*, ein Seidenpflanzengewächs, deutet auf eine der unterirdischen Quellen im Barranco hin. Vorsicht, giftig! Nicht umsonst tragen die großen runden Früchte des Einwanderers aus der nahen Sahara den Namen Sodomsapfel. Selbst umherstreifende Ziegen rühren von diesem Grün nichts an.
Im Centro de Interpretación, in einer Senke hinter dem Parkplatz, gibt es eine spannende Ausstellung und hier beginnen auch die Führungen durch das Poblado de la Atalayita. Meerestiere sorgten für die Proteine in der Ernährung der Mahos, erfährt man dort. Die Archäologen fanden regelrechte Berge an Muschelschalen. Ihre Ziegenherden kennzeichneten die Altkanarier durch Schnitte ins Ohr. In den Siebzigern gab es hier drei Ausgrabungskampagnen und 2021/22 bestätigten Radiokarbonanalysen: Im Tal von Pozo Negro wohnten die Mahos ab dem 3./4. Jahrhundert v. Chr. bis zur Inseleroberung durch Jean de Béthencourt um 1405 an einem Glücksort.

● Poblado de la Atalayita, Valle de Pozo Negro, 35629 Antigua,
Tel. +34 (9 28) 85 89 98

Afrika-Feeling

18 Oasis Wildlife, kanarischer Ökozoo

Im mittlerweile größten Zoo auf den Kanaren begann alles mit der Tierliebe, zunächst zu der noch kleinen Herde kanarischer Dromedare auf der Kamelfarm der Besitzerfamilie Cabrera. Dromedarritte über das hügelige Gelände gehören noch immer zu den Attraktionen von Oasis Wildlife. Heute sind es rund 400 Tiere und in der Granja werden Dromedare gezüchtet. Oasis Wildlife klingt nach einem Park mit ganz viel Fun für Besucher. Üppig grüne Vegetation lenkt schon von der Straße bei La Lajita alle Blicke auf sich. Auf den Wegen spenden Palmen Schatten und Kaskaden plätschern von den Hügeln. Es gibt einen 6 Hektar großen botanischen Garten, eine echte Oase mit 80 Pflanzenarten in ihren typischen Vegetationszonen. 1 Quadratkilometer Außenfläche, fünf Süßwasserfeuchtgebiete mit Zugvögelbeobachtungsplattformen, zufriedene Wildtiere in natürlicher Umgebung wie in der afrikanischen Steppe – Flusspferde, Strauße, Zebras, Elefanten, Lemuren, Gazellen. Bei Besuchern besonders beliebt ist der Giraffen-Mirador. Hier darf man die anmutigen Tiere füttern, mit gekauften Snacks. Glücksstrahlen bei Kindern und Erwachsenen. Ein kostenloser Ökozug hilft über Höhenunterschiede und Entfernungen hinweg. Nicht verpassen: die Zeiten, wenn der Park die Lernfähigkeit von Greifvögeln und Seelöwen vorführt – ohne Applaus: „Statt Show heißt das bei uns pädagogische Darbietung", erklärt Mitarbeiterin Bélen Cabrera Mendez, eine Cousine der Besitzerfamilie.

TIPP

Samstags ist der Bauernmarkt ein Eldorado für Honig, Naturkosmetik, Kunsthandwerk und Inseltypisches.

Das Wasser stammt aus Entsalzungsanlagen und wird wiederverwendet. Auf Recycling, Umwelterziehung und Respekt vor Lebewesen wird viel Wert gelegt. Oasis Wildlife hat eine eigene Tierklinik und engagiert sich für den Schutz bedrohter Tierarten. Über die Hälfte der aufgenommenen Tierarten steht auf der „Roten Liste". Regelmäßig können im Park geborene Tiere in Afrika wieder ausgewildert werden. Der Park beteiligt sich an 30 Forschungs- und Tierschutzprojekten und ist ein Touristenmagnet. Was für ein Erfolg!

- Oasis Park Fuerteventura, Museo del Campo Majorero S.L. Carretera General Jandía s/n, 35627 La Lajita, Tel. +34 (9 28) 16 11 02 www.oasiswildlifefuerteventura.com
- ÖPNV: Haltestelle Zoo

Leben mit dem Meer

19 Die Foto-Murals von El Cotillo

Die blaue Bank an der Calle Requena unter der Nixe an der Hauswand ist begehrt. Der Fischschwanz ist auf dem Foto als Wasserstrudel angedeutet, die Fantasie macht „La Sirena“ des Surfers und Unterwasserfotografen Pablo Prieto zur nackten Meerjungfrau, für die eine Frau – vielleicht eine Blondine – die sirenenhafte Pose in einem knappen weißen Bikini schwamm. Die Bank ist in den müßigen Abendstunden der Treffpunkt der älteren Bewohner und Fischer von El Cotillo. Von den Touristen, die sie beäugen und das relaxte, authentisch gebliebene Flair schätzen, lassen sie sich nicht stören. Ein paar Schritte weiter ein Shop für Markenkleidung des Clean Ocean Projects, dessen Umweltaktivisten Fuerteventuras Strände seit über 20 Jahren von Müll befreien.

Unter Bodyboardern und Surfern gilt das Dorf an der Nordküste heute als ein Hawaii Europas, die Brandung knallt auf felsige Lavafelder. Bis der neuzeitliche Hafen mit Betonmole in Richtung des Verteidigungsturms Castillo del Tostón aus dem 18. Jahrhundert erbaut wurde, verloren manchmal gar mehrere Fischer derselben Familie ihr Leben auf dem Meer. Daran erinnert die Skulptur einer Fischersfrau, die Ausschau hält, ob ihr Liebster zurückkehrt. Heute flanieren in El Cotillo Urlauber; Sportler messen sich an den Stränden der Umgebung mit der Kraft der Wellen – meist im Liegen auf einem verkürzten Surfbrett.

TIPP

Appartement plus Terrasse und Meerblick in der Calle Requena 22: Vista Mar.

Fotograf Pablo Prieto widmete ein Mural dem in El Cotillo geborenen Bodyboarderstar Octavio González. Darunter steht: „Wir wünschen ihm das Beste für seine Sportlerkarriere und dass er weiter unsere herrlichen Wellen genießt.“ El Cotillos Murals zum Thema „Mensch und Meer“ sind teils von Ladenbesitzern gesponsert. Da Salz und die Feuchtigkeit der aufspritzenden Gischt Wandmalereien schnell zerfressen, kam man hier auf eine andere Idee, schrieb 2014 bei einer Messe einen Fotowettbewerb aus und brachte bedruckte textile Leinwandplatten an den Hauswänden an. Das hält zum Glück länger.

- Foto-Murals, Calle del Muelle de Pescadores, 11, 35650 El Cotillo
- ÖPNV: Haltestelle Hotel Cotillo

Vorzeigeprojekt

20 Das Centro de Arte Juan Ismael

Juan Ismael wurde 1907 in La Oliva geboren, zog schon als Kind mit seiner Familie nach Teneriffa, wo er die Kunstschule besuchte, zählt zu den bekanntesten kanarischen Malern des Surrealismus und gilt als Poet der Avantgarde seiner Zeit. Nach dem kreativen Inselsohn benannte die Stadtverwaltung von Puerto del Rosario ihre multidisziplinäre öffentliche Kunstgalerie, den vielleicht hochkarätigsten Ausstellungsort für Kunst auf der Insel, der dennoch ein Geheimtipp bleibt. Meist können Kunstfans die Wechselausstellungen zu Fotografie oder kanarischen und internationalen Malern in den lichtdurchfluteten Etagen so gut wie allein genießen. Ab und an gibt es Workshops, Vorträge oder andere Events für Residenten oder Eingeweihte. Die Vernissagen sind VIP-Treffs der insularen Kulturszene, angekündigt allenfalls in der spanischsprachigen Tagespresse (La Provincia, Fuerteventura Hoy oder Diario de Fuerteventura).

Einfach vorbeischauen, mit etwas Glück ist geöffnet. Vom Meer aus führt ein schöner Spaziergang über die Avenida Maritima (Glücksort 59) hierher. Die Skulptur eines Gummibärchens deutet darauf hin, dass es ein Ort der Kunst ist. Der Eingang liegt an der Straße an der anderen Seite. Ist die Glastür zum Balkon Richtung Meer geöffnet, beglückt ein weiter Blick über Strand und Hafen.

130.700 Besucher und stolze 109 Ausstellungen mit Werken von 849 kanarischen und internationalen Künstlern summiert die Bilanz von zwei Jahrzehnten: 2023 feierte das Centro de Arte Juan Ismael sein 20-jähriges Bestehen mit einer Tanzperformance, DJ-Sound und audiovisuellem Spektakel an der Fassade. Ein Glücksmoment für alle, die da waren, und der Auftakt einer mehrmonatigen Ausstellung zu Juan Ismael und seinem surrealistischen Zeitgenossen Óscar Domínguez, der auf Teneriffa in San Cristóbal de la Laguna geboren und in Paris als Vertreter der spanischen Avantgarde bekannt wurde. Endlich mal was los, in einer inspirierenden Location künstlerischer Moderne und Gegenwart.

TIPP

Fotografie und Kunst gibt es auch in der Casa de la Cultura (Calle de Ramiro de Maeztu, 2) zu entdecken.

- Centro de Arte Juan Ismael, Calle Almirante Lallermand, 10, 35600 Puerto del Rosario
- ÖPNV: Haltestelle Estacion Puerto

Robinson-Feeling

21 Im Club Esquinzo Playa

Esquinzo heißt der nördliche Teil der Feriensiedlung Butihondo. Einfach herrlich, der lange, feine Sandstrand vor türkis schillerndem Meer. Zu Fuß geht es immer weiter bis zur Playa de Sotavento. Unterwegs weit und breit kein Hotel mehr. Allmählich stellt es sich ein, das Gefühl, auf einer einsamen tropischen Insel gestrandet zu sein. Die Art von Glück, wenn die untergehende Sonne den Himmel rot aufleuchten lässt, das Meer golden und rosa schimmert und die Konturen der Berge im Hinterland zu Schattenrissen werden, lässt sich nur mitten in der Natur erleben.

In Fußnähe und doch gefühlt sehr weit entfernt auf einem Hügel hoch über Strand und Meer bedeutet Robinson-Feeling im Robinson Club Esquinzo Playa alles andere als „einsame Insel". An der Rezeption steht sein Wahrzeichen, eine Mühle, wie sie zu Fuerteventura passt. Robbe Robby, Clubmaskottchen und Kinderliebling, beglückt die Kleinen auf den Wegweisern zum Zimmer und zum Roby Club. Das Wellfit-Spa mit finnischer Sauna und paradiesisch ruhigem Pool mit Meerblick macht Erwachsene froh. Eine Oase. Weiten Blick über das Meer hat auch, wer sich mit dem Laptop an die Workstation über dem großen Sportpool setzt. Tennisplätze, ein Familienatelier, um gemeinsam kreativ zu werden, Pilates, Yoga, Wassergymnastik. Der Club, in dem jeder Sportfan auf seine Kosten kommt, mag eine Insel für sich sein, doch von Einsamkeit keine Spur. In den Restaurants, Bars und Terrassen begegnen die Gäste den Sportlehrern und Coaches von der Wassersportstation (Glücksort 31) am Strand. Wie die zahlreichen Praktikanten wohnen auch sie im Hotel. Viele junge Leute machen hier erste Joberfahrungen nach dem Abi und bewerben sich nicht selten ein zweites Mal. Sie tanzen in den selbst entwickelten Shows, helfen in der Küche und am Büfett, sorgen verkleidet an der Pizzatheke für gute Laune, arbeiten im Shop oder im Kinderclub. Anstrengend, aber abwechslungsreich und ein glücklicher Beginn vieler wunderbarer Partys und neuer Freundschaften.

- Robinson-Club Esquinzo Playa, Urbanisacion Esquinzo, 35626 Playa de Esquinzo
- ÖPNV: Haltestelle Esquinzo oder Paraiso Playa

Ziegenkäse vom Erzeuger

22

Zu Besuch auf der Finca Pepe

Was für ein Gemecker! Klingt ganz schön frech, dabei können sich die glücklichen Ziegen der Finca Pepe oberhalb von Betancuria, wann immer sie wollen, selbst an einer beweglichen großen Rundbürste striegeln und draußen haben sie eine große Weide im Betancuria-Gebirgsmassiv hoch über dem Atlantik. Von ihrem Stall kommen sie zur Melkzeit in die Melkanlage. In dem Familienbetrieb packen alle mit an. Mutter Rita hat ein erfahrenes Händchen für Majorero-Käse in allen Reifegraden, traditionell hergestellt, wie schon von den Majos, bevor die Spanier kamen, pur oder geräuchert, die Rinde mit Paprika und Gofio bestrichen. „Wir nehmen auch Salz aus Fuerteventura, aus den Salinas del Carmen, das gehört zum typischen Aroma des Majorero-Käses", sagt Rita. Tochter Zenayda steht im Verkaufs- und Degustationsraum hinter der Theke, schneidet, wiegt und verpackt Käse für die Kunden. Sie verkauft auch die teils hausgemachten kanarischen Spezialitäten aus den Holzregalen – Marmelade aus den Kaktusfeigen der Opuntien, die hervorragend zum Käse schmeckt, Ziegenmilchlikör, Honigrum, Palmenhonig und grüne und rote Mojo-Soße, herzhaft mit Koriander oder pikant, die Inselbewohner nach ihren Geheimrezepten oft in Heimarbeit herstellen.

Die Hälfte der 600 Ziegen wird gemolken. Enkel Nanzet, der bereits die vierte Generation auf dem Hof repräsentiert, hat nach seiner landwirtschaftlichen Ausbildung diese Aufgabe übernommen und wirkt auch bei der Käseherstellung mit. Besucher dürfen beim Melken zuschauen und im Stall fotografieren. „Das maschinelle Melken ist hygienischer", weiß Nanzet und ergänzt: „Die Ziegen fressen die Kräuter, die bei uns heimisch sind. Auch die Milch und später der Käse haben dieses Aroma." Wenn es zu trocken ist, wird Naturkost zugefüttert – Hafer, Bohnen, Olivenkerne, Bananenhalme, Mais. Ausstellungsstücke wie ein Dreschbrett und historische Schwarz-Weiß-Fotos erinnern an Fuerteventuras Agrarkultur und sorgen auf der Finca für Flair und glückliche Besucher.

● Finca Pepe, FV-30, 35637 Betancuria, Tel. +34 (9 28) 87 81 64

Blick in den Krater

23

Wanderung zum Calderón Hondo

Diese Wanderung gehört zu den schönsten auf Fuerteventura. Der Blick reicht über die Vulkankegel der Bayuyo-Kette und das blaue Meer hinüber nach Lanzarote und zur Corralejo vorgelagerten Insel Isla de Lobos. Aus der Ferne blitzt der helle Sand der Dünen von El Jable. Was für eine Weite, was für Farben! Noch dazu ist der Kraterrand schnell erreicht und nur 278 Meter hoch. Vom Parkplatz an der Landstraße von Lajares Richtung Majanicho braucht man 2 Stunden (4 Kilometer, hin und zurück), mit eingerechnet die Zeit, um die unwiderstehlichen Atlashörnchen *(ardillas)* zu fotografieren. Für Bewohner und Vegetation eine Plage, bezaubern sie Touristen mit Anmut und Geschwindigkeit. Nicht erweichen lassen, wenn sie sich nach Futter bettelnd auf die Hinterbeine stellen. Bitte nicht füttern, dem Tier und der Umwelt zuliebe.

TIPP

Ländliche Unterkünfte und Ökotourismus findet man über die Website www.fuerteventurarural.org.

Um das Naturparadies in den vulkanischen Feuerfarben Rot, Schwarz und Flechtenschwefelgelb zu erhalten, heißt es auf den Wegen bleiben. Die poröse Blocklava ist ohnehin scharfkantig und holprig. Auch Steinmännchen bauen, geht gar nicht, denn wer Steine bewegt, stört die Mini-Ökosysteme darunter. Der schwarze Schlund an der Montaña Colorada entstand durch den einstigen Abbau von Lavakies *(picón)*, inzwischen verboten. Kamelsafaris sind noch erlaubt und bis dato auch der faszinierende Blick in den 70 Meter tiefen Calderón Hondo. Vorsicht, sich selbst und die Kante nicht zum Absturz bringen! Mit gutem Grund überlegt Fuerteventuras Inselregierung, den Wanderweg wegen Übertourismus nur noch im Rahmen von Führungen zugänglich zu machen. Sonnenschutz und Wasser dabeizuhaben und absolut nichts in der grandiosen Landschaft zu hinterlassen, bleibt auch dann eine Selbstverständlichkeit. Die junge Glückslandschaft um den Krater – zuweilen rot getupft von der gegen Salz und Dürre resistenten Knotenblütigen Mittagsblume *(Mesembryanthemum nodiflorum)* – entstand vor etwa 50.000 Jahren bei einer Eruption. Sie vergrößerte die gut 20 Millionen Jahre alte Insel noch mal um 110 Quadratkilometer.

● Calderón Hondo, Start der Wanderung SL-FV-2 ab dem Parkplatz an der Landstraße von 35650 Lajares nach 35650 Majanicho

Gut geführt

24 Malpaís de la Arena: im Land der Flechten

Zwischen Lajares und Villaverde rund um den Volcán de la Arena kommt man sich schnell vor wie auf den Mond entführt, und obwohl der Vulkan mit drei Kratern nur 420 Meter hoch ist, fühlt man sich wie im Hochgebirge. Poröses Geröll, Formationen wie Schornsteinschlote – schwarzbraune Schlacke kontrastiert mit Schwefelgelb, der Patina grünen Kupfers und den bunten Tupfern vieler Flechtenarten. Absolut faszinierend. Flechten überziehen in dem 12 Quadratmeter großen Lavafeld Malpaís de la Arena jeden Brocken – als uralte erste Vegetation, nachdem der Berg vor etwa 10.000 Jahren die Lava in alle Richtungen schleuderte. Ein Großteil des Gebiets, das bizarre Glücksgefühle auslöst, steht als Monumento Natural unter Naturschutz und ist von Mitte Februar bis Ende Juli gesperrt. Dann brüten hier Kanarische Schmutzgeier, die es heute nur noch auf Fuerteventura und Lanzarote gibt.

Den Rest des Jahres ist ein Rundweg um den Vulkan frei begehbar, aber wer mehr über Fauna und Flora, Geologie oder auch über das Inselleben wissen möchte, ist mit einer Führung mit Andreas Caliman gut beraten. Statt im Schwarzwald, wo er 1964 geboren ist, wohnt Andreas heute in Lajares. Der Volcán de la Arena zählt zu den Lieblingswanderrouten des Naturliebhabers. Er hat vor knapp 30 Jahren auf Fuerteventura sein Glück gefunden und bietet maßgeschneiderte Touren auf der Insel an. Spätestens seit seiner Prüfung für die Lizenz als Kanarenwanderführer ist er auch lokaler Botanikexperte. Von ihm erfährt man die Namen stacheliger blühender Büsche wie „Pastors Spargel" und vielleicht haben ihn auch Pflanzen wie der Sparrige Bocksdorn, der Dürren selbst dann überlebt, wenn er alle Blätter abgeworfen hat, zu dem Titel für sein erstes Buch inspiriert: „Fuerteventura – wo nichts ganz viel sein kann". Andreas weiß, wo man vom Weg abweichen kann oder trittsicher sein muss, und kennt auch eine bewundernswerte Bank in kunstvoller Trockensteinbauweise, die unterwegs Pausenglück verspricht.

● Malpaís de la Arena, zwischen 35650 Lajares, La Oliva und Villaverde
www.fuertescout.info

Kunstspaziergang am Meer

25

Das Mareseum in Tarajalejo

Nur 13 Kilometer vom trubeligen Touristenort Costa Calma entfernt liegt das ruhige Tarajalejo. Besucher haben den 1,5 Kilometer langen Strand mit schwarzem Lavasand oft für sich allein, die lange geschützte Bucht eignet sich fantastisch zum Schwimmen. Die Bewohner betreiben ein paar Fischrestaurants in einfachen Steinhäusern mit Terrassen zum Meer. Hervorragend zum Chillen. Hier kann man den ganzen Tag vertrödeln und kommt mit dem ein oder anderen Bewohner ins Gespräch. Manche angeln selbst aus kleinen Booten, was später auf den Tisch kommt. Über einem Haus ein paar Schritte vom Meer steht auf gelben Hinweisschildern aus Holz „Agadir 149 km, Las Palmas 137 km". Die marokkanische Großstadt und die Hauptstadt von Gran Canaria sind also etwa gleich weit entfernt. Luftlinie, versteht sich. Hier gerät in Vergessenheit, dass es auch noch einen moderneren Ortsteil mit mehr Einwohnern gibt und die geradezu verwunschen wirkende Mole ab dem 16. Jahrhundert ein wichtiger Handelshafen für Agrarprodukte war, bis Puerto de Rosario diese Rolle übernahm.

TIPP

Tarajalejo und Giniginámar verbindet eine schöne Steilküstenwanderung (hin und zurück 5,8 Kilometer).

Tarajalejo hebt sich dennoch von ähnlichen Küstenorten wie Giniginámar und La Lajita ab. Schließlich steht hier ein Seepferdchen, eine Kreation aus Stein und Eisen der Russin Antonina Fatkhullina aus Leningrad. Es ist eins von fünf Kunstwerken des Mareseums (Museo de las Formas del Mar), so der Name der Open-Air-Galerie, die zu einem Spaziergang bis zum Ende des langen Strands verlockt. Die Skulpturen entstanden 2017 bei einem internationalen Bildhauertreffen zum Thema Meer. Den Auftakt bildet Juan Miguel Cubas Werk „Fischer der Träume". Wer bis zum Ende geht, kommt zu der Darstellung der Kanarischen Inseln des Georgiers Jhon Gogaberishvili und entdeckt unterwegs zwei weitere spannende Arbeiten: „Das Fenster zur Unendlichkeit" der Georgierin Ana Mamulashvili und „Perlendieb IV" des Spaniers Amancio González. Alle paar Meter stehen Bänke zwischen Palmen, eine Einladung, zu verweilen und sich vom Meer für das eigene Glück inspirieren zu lassen.

- Museo de las Formas del Mar, Playa de Tarajalejo, 35629 Tarajalejo
- ÖPNV: Haltestelle Tarajalejo Pueblo

Lost Place mit Meerblick

26 Cofete und die Villa Winter

Eine Bar, ein Lokal, Steinhäuser, ein Kalkofen, der heute keinen Kalk mehr brennt – sobald die Tagestouristen wieder weg sind, bleiben in Cofete ein paar Ziegenhüter und Angler unter sich. Komplette Ende-der-Welt-Stimmung! Wären da nicht der umwerfende Strandblick, die weiten Lavafelder, die Villa Winter und der Stolz der Inselbewohner. Sie bringen Cofete so etwas wie Ehrfurcht entgegen, nicht nur weil in dieser kargen Einsamkeit die Kraft der Natur so stark spürbar ist. In den Anfängen von Cofete ab 1816 florierte hier die Landwirtschaft ein Jahrhundert lang in bewaldeter, fruchtbar grüner Umgebung. Cofete bot Arbeitsplätze in Viehzucht und Obstplantagen, bis Überweidung und Abholzung zu Dürreperioden führten und die komplette Halbinsel Jandía ausdörrte.

Das Bronzemonument des Hirten mit Hund stellt Gustav Winter dar, so munkelt man. Der reiche deutsche Ingenieur, dem zeitweilig die gesamte Halbinsel Jandía gehörte, ließ sich die frei stehende Villa hoch über dem Strand bauen. Ob sie die Fantasie auf der Insel beflügelte oder die Spekulationen einen wahren Kern haben, bleibt bis heute ein Rätsel. Jedenfalls ist sie ein schönes Wanderziel über Schotter und Lavageröll zwischen Ort und Strand. Diente das Haus im Zweiten Weltkrieg als Vorratslager für die U-Boot-Flotte der Nazis? Führen Tunnel unterirdisch bis zum Meer?

Don Gustavo, so die Fakten, arbeitete für die Markgrafen von Lanzarote an dem Projekt Dehesa de Jandía und ließ in Las Hoyas eine Landebahn für Flugzeuge bauen. Sie wurde, wie eine zweite aus späterer Zeit an der Punta Jandía, stillgelegt. Ab den 1970ern übernahm auf der Halbinsel die Natur das Zepter. Die Villa Winter ist heute ein Lost Place, um den sich einzig ihr heutiger Bewohner Pedro Fumero kümmert, dessen vier Onkel, Hausmeister der letzten Besitzer, hier verstarben. Pedro setzte die Villa teilweise instand. Er gewährt kuriose Einblicke in sein privates „Museum“ und hat die geheimnisvolle Geschichte von Gustav Winter zu seinem Lebensinhalt gemacht.

● Casa Winter, Diseminado, 3, 35626 Cofete, www.casawinter.com
● ÖPNV: Haltestelle Cofete

Musterdorf

27 Zurück zu den Wurzeln in Guisguey

Um die 200 Einwohner hat Guisguey, nur 8 Kilometer von der Hauptstadt Puerto del Rosario entfernt. Strohhaufen, Trockensteinmauern, frische Feigen zur rechten Zeit am Baum und viel Ruhe mit Blick zu den Bergen, die das lange Tal umschließen. Hier scheint die Welt in Ordnung. Guisguey bekam vor ein paar Jahren die offizielle Auszeichnung „schönstes Dorf Fuerteventuras". Endlich! Einige Bewohner hier erinnern sich noch an Zeiten ohne Strom und Telefon. Die Gemeinde hält zusammen und ein engagierter Nachbarschaftsverein mit dem Namen Los Pajeros, in Anlehnung an die Strohhaufen von einst, setzt sich für Verbesserungen ein. Besucher stehen neben dem Dorfplatz staunend wie in einem Volkskundemuseum vor der Vitrine eines Pavillons aus Holz. Die Bewohner gestalteten eine ursprüngliche Weihnachtskrippe zu einem Musterdorf alter Zeiten um, mit Kalköfen, Dreschplatz, *pajeros,* einer von Dromedaren gedrehten Getreidemühle *(tahona)* etc. Und ihren Corral del Consejo, der hier als Miniatur zu sehen ist, bauten sie auch wieder auf. Solche Ziegenpferche dienten schon im Mittelalter der Streitschlichtung. Richteten Ziegen Schaden an, wurden sie hier so lange eingesperrt, bis sich die involvierten Parteien geeinigt hatten. Die Ziegenhirten mit ihren *bardinos* (Hirtenhunden) leisteten früher überlebenswichtige Arbeit im Dorf.

Die Inselregierung arbeitet mit der Bürgervereinigung zusammen, um die alte Agrarlandschaft mit ihren bewässerten Terrassenkulturen nachhaltig wieder aufleben zu lassen und zu begrünen. Mit ihrer Unterstützung konnten zum Beispiel 200 Feigenbäume im Tal gepflanzt werden. Ein Spaziergang bis zum Ortsausgang entlang der Trockensteinmauern führt rechts an einem verfallenen Steinhaus bergauf zu einem Aussichtspunkt mit Meerblick. Noch weiter oben liegt eine Casa de Felipito, einer der vom Cabildo betriebenen traditionellen Grillplätze. Hier wird an manch einem Wochenende Brot im Steinofen gebacken, Zicklein gegrillt, geschwatzt und gefeiert. Ein Glücksort für fröhliche Gemeinsamkeit.

● 35612 Guisguey

Erfolgsgeschichte

28

Betancuria, die erste Inselhauptstadt

Einer liebte Betancuria auf den ersten Blick: der deutsche Fotograf Reiner Loos, dem das Fremdenverkehrsamt den „Goldenen Strand" verlieh, eine Auszeichnung für Verdienste im Tourismus. Mit seinem Freund Luis J. Soltmann, der heute ebenfalls bei Betancuria wohnt, kam er mit 26 Jahren kurz nach dem Tod Francos 1976 erstmals auf die Kanaren. Beide mit Abschlüssen von der Essener Folkwangschule und als Surfer. Ein Kran mit Netz setzte ihren VW-Bus vom Schiff auf den Hafenkai. In den Anfängen des Tourismus gab César Manrique ihnen Jobs, Reiner fotografierte die ersten Postkarten, Luis zeichnete Karten, später zeigten sie Multimediashows in TUI- und Neckermann-Hotels, fotografierten für Reisekataloge. Die verfallene Casa Santa María gegenüber der dreischiffigen weiß getünchten Kirche von Betancuria entdeckte Reiner erst 1990, als er eine Bleibe auf Fuerteventura suchte. Er renovierte das Haus im traditionellen Stil zu einem Glücksort für alle, die Kunsthandwerk, Traditionen und kreative Küche mögen.

Heute gehören ihm halb Betancuria und Vega de Río Palmas. Mithilfe von Pedro Martín Hernández, dem Besitzer der Bodega Conatvs (Glücksort 34), baut er eigenen Wein für seine Restaurants an. Eine Erfolgsgeschichte, aus der nach Zeiten des Verfalls am Platz vor der weiß getünchten Kirche, von 1424 bis 1431 Bischofskathedrale, eine echte Idylle mit Sitzbänken, gepflegten Blumenrabatten und Cycaspalmen entstanden ist. Heute sieht Betancuria wieder so standesgemäß aus, wie es sich für die erste Kanarenhauptstadt gehört. Im Jahr 1404 vom Eroberer Jean de Béthencourt zum Schutz vor Piraten in den Bergen gegründet, war es bis 1834 Hauptstadt der ersten Feudalregierung. Streifzüge über Kopfsteinpflaster zwischen einstigen Adelspalais führen zu Holzrädern restaurierter Wasserschöpfbrunnen und zum archäologischen Museum, das Inselgeschichte mit facettenreichen Exponaten in einem modernen Bau veranschaulicht. Erfreulich sehenswert.

TIPP

Im Café La Sombra sitzt man mitten in Betancuria idyllisch im Schatten.

● Betancuria, Plaza Santa Maria, 35637 Betancuria
● ÖPNV: Haltestelle Betancuria

Wanderdünen

29 Parque Natural de Corralejo

Nichts als Sand, gezeichnet von Wellen wie auf dem Meer, die der Wind herpustete. Kilometerweit keine menschlichen Fußabdrücke, so schnell hat der Passat sie wieder verweht. Im Parque Natural de Corralejo macht Fuerteventura seinem Ruf alle Ehre, auf der Insel gäbe es nichts außer Sand. Stimmt, wenn man zu Fuß tief hineinwandert in das Sandmeer El Jable. Zwischen den 8 Kilometern der Grandes Playas vor Corralejo und den Wanderdünen von El Jable verläuft eine der schönsten Straßen der Insel, die FV-1a. Manchmal ist der Sand bis auf den Asphalt geweht, am Rand gibt es Parkbuchten für Pkw und die Bullis der Surfschulen. Sie steuern oft die südlichsten Buchten in Höhe der Montaña Roja an, des Bergs in vulkanischen Ocker- und Rottönen über dem Sandmeer. Fernab von Strandbars und Infrastruktur genießen Individualisten und FKK-Fans im Schutz runder Steinwälle gelassen die Ruhe und die Natur am Strand. Für ihr Glück und Wohlsein sorgen sie selbst, indem sie Sonnenschirme, Sonnenschutz, Getränke, ein Picknick und zum Schutz vor spitzen Steinen im Meer Wasserschuhe mitbringen.

Der feine weiße Sand lässt das Herz schneller schlagen und erzählt von den Kräften von Wind und Meer: Er besteht aus durch Erosion fein zerriebenen Korallen, Muscheln und Meeresschnecken. Eine wahnsinnige Vorstellung, denn das Naturschutzgebiet – vorwiegend Sand – ist imposante 2,5 mal 10,5 Kilometer groß. Es bietet Lebensraum für einige Vogelarten, so auch für Fuerteventuras Wahrzeichen, die sandfarbene, also gut getarnte Kanarische Kragentrappe. Grüne Akzente setzen um die 15 genügsame Pflanzenarten, darunter Strandwolfsmilch und Dornlattich. Menschliche Strandwanderer, die es auf den 300 Meter hohen Gipfel der Montaña Roja schaffen, können zur Belohnung über die gigantische Sandfläche bis zur Insel Lobos blicken, bei klarer Sicht ist La Graciosa vor Lanzarote erkennbar. Wenn man dann noch zur richtigen Zeit für einen rot glühenden Sonnenuntergang da ist, stellt sich echte Glücksseligkeit ein.

- Parque Natural de Corralejo, 35650 La Oliva
- ÖPNV: Haltestelle Hoteles Riu

Glück mit Stacheln

30 Im Garten des Museo de Queso Majorero

Zu welchem Käsemuseum der Welt gehört schon ein bildhübscher Kakteengarten mit beindruckend großen, besonders gepflegten Exemplaren? Der Ansatz des Museums in landschaftlich schöner Lage bei Antigua ist ganzheitlich: Es widmet sich neben Käse dem Leben und der Geologie und Flora auf der Vulkaninsel. Hinter den liebevoll restaurierten Gebäuden einer Finca, die im 18. Jahrhundert Sitz der Regionalverwaltung waren, entstand 1997 zunächst ein Garten für Säulenkakteen, Wolfsmilchgewächse und Sukkulenten, lange bevor das Käsemuseum im neuen Millennium eröffnete. Genügend Zeit, dass sich gigantische Pflanzen entwickeln konnten. Die ein oder andere erinnert geradezu an die himmelsstürmenden Türme von Gaudís Sagrada Família. Durch ihre Größe beeindrucken auch die im Volksmund Schwiegermutterstuhl oder Goldkugelkaktus genannten *Kroenleinia grusonii,* deren Heimat Mexiko ist.

Aufmerksame Flaneure entdecken dank der dezenten Beschilderung mit botanischen Namen neben Kakteen aus aller Welt auch auf Fuerteventura endemische Wolfsmilchgewächse der Familie Euphorbiacae. Cardón de Jandía etwa kommt heute nur noch auf den steinigen, extrem trockenen Böden der Halbinsel Jandía vor. Seit 1991 gilt sie offiziell als Wahrzeichen der Inselflora. Im Garten zu sehen sind auch endemische dornige Sträucher wie die Kandelaberwolfsmilch *(Euphorbia canariensis)* und die Balsam-Wolfsmilch *(Euphorbia balsamifera).* Den Milchsaft der Pflanze nutzten die Bewohner einst als Balsam, um die Zitzen der Ziegen zu verschließen, wenn die Kitze nicht mehr gestillt werden sollten. Oder auch zum Abdichten von Weinfässern. Die König-Juba-Wolfsmilch *(Euphorbia regis-jubae),* ein zweiter Vertreter der sogenannten *Tabaibas,* ist giftig. Früher betäubten die Fischer mit ihrem Saft die Fische im Niedrigwasser und konnten sie so schneller fangen. Der Garten ist ein Glücksort für Pflanzen- und Fotografiefans, der oft meditative Ruhe ausstrahlt, insbesondere wenn am späten Nachmittag kaum noch Gäste unterwegs sind.

● El Jardín del Museo de Queso Majorero, Calle Virgen de Antigua (km 20), 35630 Antigua, Tel. +34 (9 28) 87 80 41, www.museoquesomajorero.es

● ÖPNV: Haltestelle Ayuntamiento Antigua

Mit Brett und Segel

31 Die Wassersportstation der Playa de Esquinzo

Am Hobie Cat zurrt Helge Sach die letzte Leine fest. Die Sonne strahlt vom Himmel, orange-gelb flattern die Segel im Wind, 22 Grad Wasser- und Lufttemperatur, die Laune steigt. Die Vorbereitungen für den Kat-Event der kommenden 5 Tage sind fast fertig. Gleich treffen die Teilnehmer der Kurzregatten an der Wassersportbasis des Robinson Clubs ein. Ein Drink am Holztisch, ein Gruppenfoto am Strand. Passionierte Kat-Segler stellen ihr Können in den nächsten Stunden in Zweierteams unter Beweis. Etwas Erfahrung und ein Katamaranschein, den einige der Teilnehmer im Fuerteventuraurlaub gemacht haben, sind Voraussetzung. Sie schätzen die gute Wassersportinfrastruktur. Mit bestem Material, das regelmäßig erneuert wird, und Top-Trainern.

Auch Helge Sach, norddeutscher Stern am Kat-Himmel, hat hier sein Glück gefunden. Seit 2007 kommt der Segelprofi für sieben Kat-Events pro Jahr aus dem Heimatrevier Lübecker Bucht an die Playa de Esquinzo, von Ende Februar bis März und von Ende Oktober bis November. Im Team mit Bruder Christian startete seine Karriere mit dem ersten Sieg bei der Kieler Woche 1973. Deutsche Meister, Europameister, Weltmeister in der Katamaranklasse Formula 18, olympische Lorbeeren, 13 Kieler-Woche-Siege, zuletzt 2021, Verleger mehrerer Bücher zum Kat- und Jollensegeln – mehr Erfahrung können sich Robinson und die Eventteilnehmer kaum wünschen. Zu Hause setzen seine Neffen Anton und Johann die Erfolgskette im Sach-Team fort.

Wer sich noch nicht auf einen Katamaran traut, leiht in der Wassersportstation zum Spaß ein Stand-up-Paddle-Board aus oder versucht sich zum ersten Mal im Windsurfen – einfach unbeschwert durch die Wellen gleiten. Um die 30 Boards stehen bereit. Erfahrene Trainer mit Lizenz nach den Richtlinien des Verbands Deutscher Wassersportschulen e. V. (VDWS) geben Kurse für Anfänger und Fortgeschrittene. Mit Schein kann man die Boote leihen. Schnell in die Schräglage, der Strand wird immer kleiner – was für ein Gefühl von Freiheit.

- Wassersportstation, 35626 Playa de Esquinzo, www.sach-team.de
- ÖPNV: Haltestelle Esquinzo

Alles bio – Lebenselixiere

32 Aloe vera und Spirulina: Besuch bei Vidaloe

Aloe vera gibt es in über 200 Sorten, aber nur eine hat einen Saft in ihren Blättern, der Wunder vollbringt: die Echte Aloe, *Aloe vera barbadensis Miller*. In Fuerteventuras trockenem sonnigen Klima gedeiht sie bestens. Im Dorf Agua de Bueyes können sich Besucher des Familienbetriebs Vidaloe einen hügeligen Nutzgarten voller Charme anschauen und neben Aloe vera weitere spannende Pflanzen und einen überdachten Spirulina-Zuchtteich entdecken. Es folgen ein Blick in die kleine Fabrik und die Möglichkeit zum Shoppen für Schönheit und ewiges Leben. Die Auswahl reicht von natürlichen Gels mit Aloe vera und Gofio aus Johannisbrotfruchtkernen bis zu Sonnenschutzmitteln, Shampoos und Cremes. Außergewöhnlich ist die Schokolade aus ecuadorianischen Kakaobohnen mit Ziegenmilch aus Fuerteventura, schwarzem Kanarenpfeffer und selbst gezüchteter Spirulina. Und ein neues Projekt des findigen Inhabers und Geschäftsführers Daniel Acosta Fernández dreht sich um Moringa, das grüne Pulver des nordindischen Meerrettichbaums, dem wie Spirulina Nährstoffreichtum und Superfoodqualitäten zugesprochen werden.

Seit 2010 wird bei Vidaloe Bio-Aloe-vera in Handarbeit angebaut und nachhaltig weiterverarbeitet, ohne Wasser, Parfüms oder Zusätze – nur mit reinem Aloe-Saft. Als Konservierungsmittel dient Zitronensaft. Aloe vera dringt tief in die Haut ein, beruhigt, spendet Feuchtigkeit, hilft gegen Pickel, Neurodermitis und Schuppenflechte, pflegt die Haare und hilft bei Sonnenbrand. Aloe-Saft ist auch als Getränk vor dem Frühstück ein Wundermittel voller Proteine, Vitamine und Antioxidantien, die den Körper vor freien Radikalen schützen.

24 Stunden hält eine Pumpe das saubere Wasser in Bewegung, in dem Cyanobakterien gezüchtet werden, die erste Mikrobakterie, die Photosynthese konnte. Zum Glück verarbeitet Vidaloe die blau-grün im Teich schwimmende Spirulina zu feinem Pulver oder Granulat. Für das gefragte Nahrungsergänzungsmittel hat dieser Betrieb das einzige Biozertifikat auf den Kanaren.

- Vidaloe, Aggregat Agua de Bueyes, 30, 35638 Agua de Bueyes, Tel. +34 (6 74) 71 24 89
- ÖPNV: Haltestelle Agua de Bueyes Letrero

Geschützte Natur

33 Isla de Lobos: die Robbeninsel

Die zackigen Hügel der kleinen Insel in der Meerenge zwischen Fuerteventura und Lanzarote haben etwas von einem liegenden Drachen. Vielleicht sieht sie so archaisch aus, weil sie um die 50.000 Jahre alt ist. Ihre Hügel gingen aus Explosionen hervor, als die Lava des Vulkans Bayuyo sich ins Meer ergoss, nach dem heute die gesamte Bayuyo-Vulkankette vom Calderón Hondo bei Lajares bis zur Montaña de Caldera auf Lobos benannt ist. Lobos heißt „Mönchsrobben". Die Mittelmeer-Mönchsrobbe *(Monachus monachus)* wurde auf der Insel einst so lange gejagt, bis es keine mehr gab. „Viele halten es für utopisch, aber wir arbeiten heute an einem Projekt, wieder Robben anzusiedeln. Die Art lebt in Mauretanien, und das ist gar nicht so weit entfernt", erklärt Tony Gallardo, der für das Biosphärenreservat Fuerteventura Aufgaben des Umwelt- und Naturschutzes übernimmt und zur Einrichtung des Infozentrums beitrug. „Die Insel ist die Kernzone des Reservats", sagt er auf dem Wanderweg durch das Feuchtgebiet Las Tres Hermanas. Langsam durchdringt die Flut die Salzwiesen, schimmernder weißer Sand, kristallklares türkises Wasser, das um eine Vegetation herumgluckert, die schon in prähistorischen Zeiten den Sprung aus dem Meer auf das Land geschafft hat. Queller *(Salicornia)* etwa und – wie Tony sie nennt – *uvas del mar,* botanisch *Zygophyllum fontanesii.* „Lauter grüne und gelbe Perlen, wie Trauben aus dem salzigen Meer", beschreibt Tony die Pflanze. Oder wie kleine Rosinen? Faszinierend. Ein Ranger passt auf, dass niemand den Holzsteg verlässt. Hier soll die Natur ungestört sich selbst überlassen bleiben.
An der Playa de la Arena schwören Surfer auf die Welle. Hier und am Bajo de la Perra darf man barfuß durch den Sand gehen und baden, doch wenn die Flut naht, kommt man nicht mehr trockenen Fußes hin. Lobos steht seit 1982 unter Naturschutz, den die Regierung zum Glück immer ernster nimmt. Pro Tag dürfen nur 400 Besucher auf die Insel, nur mit dem kostenlosen Lobospass mit Ausweisnummer, den man im Internet bekommt.

● 35660 Isla de Lobos
● ÖPNV: Haltestelle Muelle Corralejo

Junge Weine mit Geschichte

34 Bodega Conatvs: Besuch beim Winzer

Die Bodega an der alten Straße von Lajares zum Strand von El Cotillo baut auf vulkanischen Böden und Sand Weine an, als einzige der Insel mit der geschützten Herkunftsbezeichnung Islas Canarias. Die Führungen (1,5 Stunden) beginnen draußen in den Weinterrassen zwischen Opuntien, Granatapfel-, Oliven- und Mandelbäumen – es sieht idyllisch aus. Der Rosé (Conavus Rosado 2020) bekam eine Goldmedaille in Brüssel, auch Rot- und Weißweine sind prämiert. Erstaunlich für einen Familienbetrieb mit ein paar Mitarbeitern. Zum Schutz vor dem Wind sind viele der Rebstöcke dicht am Boden gepflanzt. Vulkanischer Basalt nimmt das durch das historische System der *gavias* geleitete Wasser wie ein Schwamm auf. Der Betrieb hat eine Filteranlage, die entsalztes Meerwasser entchlort und mit mineralischen Nährstoffen anreichert. Der passionierte Winzer Pedro Martín Hernández krempelt stets selbst die Ärmel hoch und packt mit an. Bei der Ernte helfen auch Familie und Freunde. Conatvs, abgeleitet aus dem Lateinischen, heißt Anstrengung. Pedro erbte die Finca 2010. Seine Vorfahren besaßen den Weinberg La Viña de Anibal, benannt nach einem unehelichen Sohn eines Wegbegleiters von Jean de Béthencourt. Mit der Ankunft der Konquistadoren wurde hier seit 1412 erstmals auf den Kanarischen Inseln Wein angebaut, ein Erbe, das Pedro weiterführen möchte. In seinem Restaurant La Luna in Corralejo lernte er Alberto González kennen, einen Önologen aus Gomera, der schon auf Lanzarote bei Stratvs und Rubicón Wunder bewirkte. Mit alten heimischen Rebsorten, darunter Listán Blanco, Listán Negro, Listán Prieto und die antike Rebe Malvasía, erzielt er auf insgesamt 5 Hektar im Inselnorden verblüffende Ergebnisse. Von 600 Flaschen im ersten Jahr (2016) steigerte sich der Ertrag bis 2023 auf um die 8000 Flaschen junger Weine. Ganz versteckt liegt die neue Halle für die Vinifikation und Reifung in Amphoren wie im alten Rom. Eine Weinprobe beglückt. Die Weine haben den Charakter der Landschaft.

- Bodega Conatvs, Cuesta Valerio, 28, 35650, Lajares, Tel. +34 (6 20) 91 45 69 www.conatvs.com
- ÖPNV: Haltestelle Lajares Supermercado

Schwindelgefühle

35 Von der FV-30 bis zum Mirador Morro de Velosa

Ein Kleinwagen und ein Bus kommen auf der schmalen Bergstraße FV-30 über die Pässe des Naturparks Betancuria gerade eben aneinander vorbei. Sie schlängelt sich kurvenreich zwischen Pajará und Betancuria, eine gestrichelte Linie weißer Quader zum Schutz an der steilen Talseite, der Blick hinab ist an mancher Stelle schwindelerregend, Geschwindigkeitsbegrenzung 40 Stundenkilometer. Kreuzt ein Ziegenbock, halten Autofahrer den Atem an. Aufatmen und den Ausblick genießen kann man an mehreren *miradores* (Aussichtspunkten). An der Degollada de los Granadillos reicht der Blick über den Barranco de las Peñitas bis zum Meer. Auch Radsportler sind auf der FV-30 unterwegs, mit Ausdauer und Kondition bis hoch zum Mirador Morro de Velosa. Von hier bietet sich eine fantastische Aussicht aus um die 650 Meter Höhe. Ist die Schranke an der Auffahrtsstraße zu, ist auch oben geschlossen. Zu Fuß oder mit dem Rad kommt man immer hinauf, steht dann aber vor verschlossener Tür des Natursteingebäudes mit zwei Stockwerken, Panoramafenstern und Terrasse, das sich gut in die Landschaft einfügt. Blanca Cabrera, Nichte von César Manrique, als Architekt und Künstler für naturnahes und ästhetisches Bauen auf seiner Heimatinsel Lanzarote bekannt, realisierte es 1997 nach seinem Entwurf – und gleich dazu den Garten mit endemischer Vegetation. Falls es hier einen Kaffee geben sollte, ist das Glück perfekt, ansonsten begeistert der Ausblick über das weite Land bis zur Küste auch so. So weit das Auge reicht ein Meer aus sanften Hügeln in warmen Ockertönen. Millionen Jahre Erosion haben die ältesten vulkanischen Basaltformationen der Kanaren niedrig geschliffen und ihnen Rundungen verliehen, die viel Harmonie ausstrahlen. An besonderen Glückstagen leuchten am Himmel weiße Wolkentupfer und die Sicht über den Inselnorden reicht bis nach Lanzarote und zur Dünenlandschaft von Corralejo – ein weißes Band vor blauem Meer. Ein Glücksort, an dem viele unbeabsichtigt vorbeifahren. Er hat eine ausgebaute, aber steile Zufahrt und liegt ein paar 100 Meter oberhalb der Bergstraße FV-30. Traumhaft.

● Mirador Morro de Velosa, Camino Velosa, 35637 Betancuria

Vier Sterne im Fischerdorf

36

Das Coral Cotillo Beach Hotel in El Cotillo

Das Fischerdorf El Cotillo bezaubert immer noch alle, obwohl sich seit den 1980er-Jahren seine touristische Anziehungskraft und seine Randbebauung mit Hotels kontinuierlich vergrößert haben. Ab dem Sonnenuntergang erwacht das auch von den neuen Hotelsiedlungen zu Fuß erreichbare Zentrum zu hedonistischem Leben. Das Gemurmel der Stimmen auf den Restaurantterrassen mischt sich mit dem Geräusch der Wellen und rollender Kiesel. Recht bald geht die Bebauung beidseitig des Orts in naturbelassene Strände über: Richtung Südwesten die windumtoste Piedra Playa, ein Surfeldorado, gen Nordosten die geschützte Playa Concha.

Etwa 400 Meter vom Meer entfernt, neben einem kleinen Supermarkt, ist das Coral Cotillo Beach Hotel eine Alternative zu einer Ferienwohnung und ein idealer Ort für das Urlaubsglück mit Viersternekomfort im landestypischen Architekturstil: lavafarben die loftartige Rezeptionshalle mit sehr hoher Decke und Sofas, weiß getüncht der zweistöckige Gebäudetrakt, der mit den 152 Zimmern und Balkonen den windgeschützten Innenhof umgibt. Urlaubsgefühle im Liegestuhl. Der Blick schweift durch den kanarischen Garten voller Kakteen und Palmen. Ein Bad im beheizten Pool noch vor dem Frühstück kostet selbst an kühleren Tagen in der Nebensaison kaum Überwindung. Mit Ventilatoren und inseltypischen Akzenten bei der dezenten Dekoration bieten die Zimmer, was man braucht – WLAN, Safe, Blick zum Sonnenuntergang oder in den nachts ruhigen Hof. Das Büfettrestaurant hat legeres Kantinenambiente, eine Terrasse mit Poolblick und eine tolle Auswahl spanischer Tapas und internationaler Gerichte. Nebenan bietet in der Hauptsaison das Restaurant El Saltadero Gourmetgerichte und eine Dachterrasse. Einmal eingecheckt, planschen die Kinder im Pool und man braucht sich quasi um nichts mehr zu kümmern. Einfach mal einen Tag Pause. Nur die Poolbar oder der große kostenlose Fitnessraum verlocken zu mehr Aktivität.

TIPP

Weißer Sand, türkises Meer an der Playa Concha und dann eine Stärkung im Restaurant Azzurro.

- Coral Cotillo Beach Hotel, Carretera Los Lagos, 35650 El Cotillo
de.coral-hotels.com/hotel-coral-cotillo-beach-in-fuerteventura
- ÖPNV: Haltestelle Hotel Cotillo

Wunder der Felsmadonna

37

Wanderung zur Ermita de la Peña

Am Wanderparkplatz hinter der Casa de Naturaleza (Glücksort 50) beginnt eine der schönsten Wanderungen, was nicht ganz unbekannt ist, daher bezaubert der Weg mit größeren Glücksgefühlen, wenn man ihn zu ungewöhnlichen Zeiten geht und nicht allzu vielen Mitwanderern begegnet, etwa am späten Nachmittag. Kanarenpalmen und Tamarisken, Oleanderblättrige Kleinien, Opuntien und die König-Juba-Wolfsmilch gehören zur Vegetation. Erst schweift der Blick weit über landwirtschaftliche Flächen, bis die Schlucht schmaler wird und rechts die Staumauer der Presa de las Penitas zu sehen ist. Einst diente der versandete See der Bewässerung von Tomatenplantagen. Hier beginnt die Schlucht, in der flüssiges Magma langsam erkaltete und Plutonit bildete. In kleinen Strudellöchern zwischen vom Wasser glatt geschliffenen Felswänden glitzert es nass. Am schmalen Weg in die bizarre Welt der Steine gibt es kaum mehr Vegetation, nur noch malerisch glatten Fels.

Im 15. Jahrhundert, nachdem die Spanier Fuerteventura erobert hatten, soll hier ein starkes Leuchten zwei Mönche immer weiter in die Schlucht gezogen haben, die dann in einem Wasserloch niederknieten und beteten, ohne nasse Kutten zu bekommen. Ein Wunder. Sie hatten die Alabasterskulptur der Virgen de la Peña gefunden, die zur Schutzheiligen der Insel wurde. Dem unwegsamen Terrain zwischen spektakulären Felsen verdankt die weiße Kapelle zu Ehren der Madonna ihren Namen Ermita de Malpaso. Ein Glücksort zum meditativen Verweilen bei Sonnenuntergang. Im kleinen Innenraum brennen Kerzen zwischen Votivgaben, Wünschen, Bitten und Grüßen, die Besucher in der Kapelle hinterlassen haben. Im September ist sie Ziel einer Wallfahrt. In einer Fackelprozession wird die Madonnenskulptur aus der Kirche von Vega de Río Palmas, wo sie heute steht, zur Ermita de la Peña und wieder zurück getragen. Etwas mehr klettern und suchen muss man den im Felsenmeer oberhalb versteckten Bogen Arco de las Peñitas. Ein Glücksort für spektakuläre Fotos.

TIPP

Zur Wallfahrt wird in Vega de Río Palmas ein großes Volksfest gefeiert, die Romería de la Peña.

- Ermita de la Peña, Start an der Casa de Naturaleza, Camino San Juan Torcaz, s/n, 35637 Vega de Río Palmas
- ÖPNV: Haltestelle Vega de Río Palmas

Schaumsalz für Gourmets

38

Museo de las Salinas del Carmen

Das 2009 von der UNESCO zum Biosphärenreservat erklärte Fuerteventura hat mit dem Salzmuseum in Salinas del Carmen ein Museum für Industriekultur. Zuweilen schaukeln Schaumkrönchen auf dem azurblauen Meer und ansonsten setzen Salzhäufchen auf den Kieselsteinrändern der Salinenbecken blendend weiße Akzente. Das größte Besucherglück besteht vielleicht darin, genau dann hierherzukommen, wenn einer der weiß gekleideten Salineros die handwerkliche Salzgewinnung erklärt und man sich unter Anleitung selbst als Salzbauer versuchen kann. Meist am Vormittag. Wer sichergehen möchte, ruft einfach in dem gut organisierten, privat betriebenen Museum an. In die Ausstellung integriert sind das Büro und Schlafzimmer des Salineneigentümers von 1910, Don Manuel Velazquez Cabrera. Er vergrößerte die vernachlässigt übernommene Saline und lieferte sein Salz an eine Fischfabrik. Werkzeuge, Fotos, Infotafeln und ein Video (auf Wunsch auf Deutsch) informieren über die Salzgewinnung.

Heute produzieren die Salinen wieder bis zu 50 Tonnen Meersalz im Jahr. Das Gourmet-Schaumsalz *(sel de espuma)* ist dank der von dynamischen Wellen aufgeschäumten Gischt des hier als außergewöhnlich sauber geltenden Meerwassers besonders wertvoll. Vom Auffangbecken wird sie in Erwärmungs- und Verdunstungsbecken geleitet. Von Mai bis Oktober ist Erntezeit für die kristalline Kruste, die dann vorsichtig mit dem Rechen aus dem Becken gefischt wird. Laboranalysen beweisen: Das gesunde Gourmet-Salz enthält erheblich weniger Natrium als jedes andere Salz und viel mehr Magnesium sowie andere für Menschen wertvolle Mineralstoffe. Traditionell wird es zum Salzen von Majorero-Käse verwendet und inzwischen wissen Spitzengastronomen es sehr zu schätzen. Das seltene, nachhaltig hergestellte Naturprodukt aus dem Meer gibt es im Museumsshop. Im Restaurant El 36 beglücken frische Salate, Gambas und Fisch und der Blick auf die manchmal durch die Becken watenden Stelzvögel.

TIPP

In der Saline steht das erste präparierte Walskelett des inselweiten Projekts „Weg der Wale".

● Museo de las Salinas del Carmen, Barrio las Salinas, 2, 35610 Antigua, Tel. +34 (9 28) 17 49 26, www.museosalinasdelcarmen.es

● ÖPNV: Haltestelle Las Salinas

sal

Entschleunigung

39 Baden, Fisch essen und wandern in Pozo Negro

An Glückstagen schillert vor dem Fischerort das Meer in bis zu 25 Blautönen, von Ultramarin über Perlenzian bis zu Saphir- und Türkisblau. Blau sind auch die Fensterrahmen der weiß getünchten Häuser von Pozo Negro, das nach seinem alten Brunnen aus schwarzem Vulkangestein benannt ist. Unter den Badegästen in der vor dem Nordostpassat geschützten, 700 Meter langen Lavakiesbucht sind stets Einheimische, voll wird es hier selten. Augen zu, dem Meer lauschen. Leise gurgelnd rollt die Brandung, wie entspannend! Sind die Wellen auf dem Rückzug, glänzen die nassen flachen Steine in der Sonne. Das kristallklare Wasser lädt zum Schnorcheln zwischen ein paar vorgelagerten Felsen ein. Gesäumt von bunt gestrichenen Fischerbooten aus Holz servieren zwei Snackrestaurants frischen Fisch auf ihren Terrassen. Tische und Stühle sind aus Plastik, aber die Füße stehen so gut wie im Sand, das Meer nur ein paar Meter entfernt.

Parkt man linker Hand am Ortsausgang hinter dem letzten Haus, wird der Strand breiter und bietet größere Flächen schwarzen Sands aus jahrhundertelang vom Wasser zerriebenen Lavakieseln. Hier geht es leichtfüßig barfuß ins Meer. Hinter den flachen Dünen auf einem Spielplatz eine kleine Rutsche vor der wilden Kulisse des Hinterlands, dem vor rund 10.000 Jahren durch eine Schlucht auslaufenden Lavastrom der Krater von Liria und La Laguna. An den einst bedeutenden Hafen der spanischen Eroberer erinnert heute nichts mehr. Von Pozo Negro führt ein Rundweg um das Poblado de la Atalayita, die Überreste einer Altkanariersiedlung (Ruta 2 – SL, 8,8 Kilometer, 2:45 Stunden). Salinas del Carmen und Pozo Negro sind über einen Fuß- und Radweg entlang der fast unbesiedelten Küste verbunden, über die knapp 7 Kilometer lange Ruta 29. Unterwegs sorgen kleine Buchten vor den Toren von Pozo Negro für Abkühlung. Wer nach Caleta de Fuste wandern möchte (Ruta 1, 11,3 Kilometer), braucht über 3 Stunden. Beglückende Möglichkeiten der Entschleunigung im Einklang mit der Inselnatur.

- 35639 Pozo Negro
- ÖPNV: Haltestelle Pozo Negro

Drachenfestival

40 Einmal in Bunt: die Grandes Playas Corralejo

Kühe gibt es auf der halbwüstenhaften und vulkanischen Ziegeninsel nicht, aber beim Drachenfestival in den Dünen des Naturparks Corralejo fliegt durchaus mal schwarz-weiß geflecktes Milchvieh durch die Luft. Seit 1987 organisiert das Rathaus von La Oliva jedes Jahr Mitte November ein 4- bis 5-tägiges Drachenfestival zwischen den Wanderdünen der Grandes Playas vor den Toren von Corralejo. Kostenlose Shuttlebusse bringen Schaulustige hin, um bei Badewetter die im Passatwind flatternden Drachen zu bewundern. Das geht aus Hunderten Metern Entfernung von der Kuppe eines der vielen Sandhügel und auch aus nächster Nähe beim Baden im Meer.
Um die 200 Hobbydrachenbauer aus rund 20 Ländern kommen nach Fuerteventura und zeigen ihre Kreationen, lassen Autos, Meerestiere, Obst und Blumen oder auch Zebras fliegen, Fantasie und viel Humor schwingen durch die Lüfte. Deutsche, Spanier, Niederländer, Engländer mit Kind und Kegel oder im Freundeskreis reisen als Festivalteilnehmer an, viele kennen sich schon aus vergangenen Jahren, fachsimplen, freuen sich, unter Menschen mit gleichen Interessen zu sein, und genießen das lockere Ambiente und den Himmel über einem ganz besonderen Badestrand, den sie für ein paar Tage um bunte i-Tüpfelchen ergänzen. Ob Spaß oder Kitsch – vor türkisfarbenem Meer und hellblauem Himmel entsteht manch spektakuläres Foto und einen jährlichen Fotowettbewerb gibt es auch. Drachenfans, die mit ihren Kreationen seit Jahren von Festival zu Festival reisen, nutzen die Gelegenheit zum Austausch unter Gleichgesinnten und lassen auch Drohnen fliegen, um die Glücksmomente mit ihren Drachen in Videos zu verewigen. Manchmal ist auch El Cotillo im Inselnorden einen Tag oder Abend Festivalschauplatz. Drachenrennen und ein besonderes Event wie eine Nachtshow oder ein Feuerwerk zum Abschluss sind jedes Jahr dabei und begeistern. Und wenn es ans Verabschieden geht, freuen sich viele auf ein Wiedersehen im kommenden Jahr. Ein guter Plan.

● Grandes Playas Corralejo, Avenido Corralejo Grandes Playas, 24, 35660 La Oliva
● ÖPNV: Haltestelle Hoteles Riu

Kamelbabys streicheln

41 Drome Milk von der Granja Garoy

Große dunkle Augen und so weiches Fell – ach, diese Wimpern! Kamelbabys zu streicheln, entspannt absolut. Das erlebt David Pérez immer wieder. Als Tierarzt für Oasis Wildlife ist er für das Projekt Drome Milk verantwortlich, die Verwandlung der honigsüßen Milch der kanarischen Dromedare in Superfood. Ob der Tag stressig war oder sich die angemeldeten Besucher bei der Anfahrt über Schotterpisten zur Kamelzucht von Oasis Wildlife im Hinterland des Flughafens von El Mattoral verfahren haben: Einmal hier, zählt nur noch die beglückende Nähe zu den tiefenentspannten Tieren.
David ist aus Burgos nach Fuerteventura gekommen, hat zuvor für den großen Käseproduzenten Maxorata gearbeitet und kennt sich mit Hygiene- und Lebensmittelbestimmungen aus. Passt zu seinen komplexen Aufgaben. „Es dauert Jahre, bis ein Produkt seinen Weg auf den Markt findet", weiß er. Als Käse, Joghurt oder Kosmetik soll Dromedarmilch Wunder wirken: den Cholesterinspiegel senken, Allergien vorbeugen. Ihr Fett- und Laktosegehalt ist minimal.
Besucher können sich in Plastikhandschuhen an einer Zitze beim Melken versuchen, während die Kamelbabys sich an die andere halten, nicht unbedingt immer bei der eigenen Mutter. „Fabio, du nutzt aber auch jede Gelegenheit", sagt David und hält das Tier am Hals zurück. Ein bisschen Milch von der eigenen Fingerspitze dürfen auch die Besucher probieren, ein Glücksmoment, der nach Natur pur schmeckt. „Die Babys werden nach der Geburt gewogen", erzählt David. „Sie kommen zwischen 30 und 35 Kilogramm schwer auf die Welt und können sofort stehen." Der Familie Cabrera, die schon seit 35 Jahren Dromedare züchtet, möchte die kanarische Dromedarrasse bewahren. Im 15. Jahrhundert angebunden an die Boote ihrer damaligen Besitzer aus Afrika herübergeschwommen, haben sich die Tiere nach Jahrhunderten genetisch angepasst. „Sie können sogar Fuerteventuras Espinos-Vegetation kauen und verdauen, die so spitze Dornen hat wie die Christuskrone", sagt David. Was für ein Beispiel an Genügsamkeit.

● Drome Milk, Schotterstraße zwischen Aeropuerto de Fuerteventura, 35610 Las Palmas und 35611 Tesjuate, Anmeldung über Oasis Wildlife, Tel. +34 (9 28) 16 11 02

Sportlerglück

42 Fit für den Lieblingssport in Las Playitas

Ein winziger Hafen mit Steg und Leiter ins Wasser, an einer schmalen Promenade durch das Dorf stehen die Tische der Fischrestaurants und auch mal ein Olivenbaum dicht am Meer. Weiß getünchte Häuser und Treppen schmiegen sich an steile Hänge, Las Playitas hat geradezu mediterranes Flair wie in Südspanien oder Griechenland. Den Fischern ist eine Skulptur gewidmet. Hier zählt der Blick fürs Detail. Hier ein Anker, dort ein trockengelegtes buntes Holzboot, ein Mosaik neben der Haustür und Wandgemälde mit Blick in ein kanarisches Wohnzimmer samt Großmutter und einem Geschwisterpaar erinnern an das Leben in der alten Welt. Wohltuend nostalgisch. Viele Dorfhäuser beherbergen kanarische Feriengäste und Individualtouristen.
Bei der Anfahrt von Gran Tarajal bietet sich ein ganz anderes Bild, das sofort zu verstehen gibt: Heute finden vor allem Sporturlauber in Las Playitas ihr Glück. Solarzellen speisen die Laternen an dem modern ausgebauten Radweg zwischen Palmen entlang der Straße. Oberhalb der künstlich mit Sand vergrößerten, langen Playa de Las Playitas thront das Gebäudeensemble des großen, nach dem Ort benannten Sporthotels mit 18-Loch-Golfplatz und einem Pool in Olympiagröße in einem weitläufigen Park, nur einer von insgesamt fünf. Doppelzimmer und Suiten, Apartments oder eine der 24 Villen am Golfplatz – hier wird glücklich, wer genau weiß, was er will. Es gibt reichlich Raum, um auf Gleichgesinnte zu treffen und sich der eigenen Lieblingsportart zu widmen. Ein Cycling-Center im Hotel verleiht Räder an Hotelgäste, für Jogger gibt es viele Strecken. Workouts mit Meerblick in Sonne und Frischluft, Tennis, Yoga, Beachvolleyball, ein Tauchcenter, gesunde Küche und Wellnessangebote. Wegen dieser Vielfalt trainieren selbst Triathlonprofis hier gern. Schwimmen, Radfahren, Laufen. Fitness – Leistungssport oder alle Interessen der Familie unter einen Hut bringen – dafür stimmen die Bedingungen hier auf beglückende Art, vom Wetter bis zur hügeligen Inseltopografie.

● Playitas Resort, Urbanización Las Playitas s/n, 35629 Las Playitas
www.playitas.net
● ÖPNV: Haltestelle Los Hoteles, Las Playitas

Naturnah in der Halbwüste

43 Wanderung Morro Jable–Playa de Cofete

Zu Fuß zum Traumstrand von Cofete? Das ist ein guter Plan, um das Naturerlebnis noch echter und intensiver zu gestalten als bei einer motorisierten Fahrt über die Schotterpiste. Vorausgesetzt, man hat genug Wasser dabei und ausreichend Kondition für eine mittelschwere Wanderung mit An- und Abstiegen durch die karge Halbwüste der Macizo de Jandía auf dem 6,5 Kilometer langen Wanderweg PR(R)-FV-55. Eine Strecke dauert etwa 2,5 Stunden, für den Rückweg kann man einen Transfer mit einem Jeep buchen, den Bus nehmen (nicht die letzte Abfahrt anvisieren, falls kein Platz sein sollte und man auf den nächsten warten muss) oder in Cofete lange genug Pause machen, um für den Rückweg zu Fuß fit zu sein. Startpunkt ist das Hinweisschild am Wanderparkplatz bei Gran Valle an der Schotterpiste nach Cofete. Wer keinen Mietwagen hat, kann sich vom Bus nach Cofete absetzen lassen oder läuft von Morro Jable eine gute Stunde zusätzlich.

TIPP
Bei Ebbe in einer der schönen Sandbuchten an der Steilküste baden.

Die Wanderung führt durch die typisch karge und steinige Halbwüste mitten im Naturpark Jandía. Stille, Weite und Einsamkeit – trotz der großen Trockenheit sind hier viele Pflanzenarten zu Hause: Dornlattich, Sparriger Bocksdorn und die endemische Art Cardón de Jandía. Ihre extreme Widerstandsfähigkeit unter härtesten Überlebensbedingungen inspiriert Klimaforscher. Zugleich ist die Gegend Vogelschutzgebiet und halbwilde Ziegen durchstreifen sie wie die Wanderer. Nach dem Aufstieg zum Sattel Degollada de Cofete folgt die Belohnung, der Panoramablick nach Gran Valle und auf die Bucht von Cofete. Ab jetzt geht es an der Villa Winter (Glücksort 26) und dem Ort vorbei an den atemberaubenden Strand. Zweimal im Jahr ist Schluss mit der Einsamkeit, auch schon unterwegs: bei der Pilgerwallfahrt *(romería)* rund um das Johannisfest (24. Juni) mit Musik und Trachten und Anfang Juli, wenn bei den Apanadas de Cofete die Ziegen zusammengetrieben werden. Eine besondere Gelegenheit, sich unter die Einheimischen zu mischen.

● Playa de Cofete, 35626 Cofete, Start am Wanderparkplatz bei Gran Valle
● ÖPNV: Haltestelle Gran Valle

Traum zum Wohnen

44

Landpartie im vulkanischen Villaverde

Auf über 220 Meter Passhöhe zwischen Corralejo, Lajares und La Oliva liegt Villaverde. Betuchte Kanaren und Zugezogene haben sich hier vor der Kulisse des Hausbergs Volcán de la Arena moderne weiße, kubische Häuser gebaut. Einfach traumhaft, die in der Landschaft verstreuten, frei stehenden Villen mit Aussicht. Nach welchen Kriterien soll man sich sein Fantasiehaus hier bloß aussuchen – große Fenster, Pool, Opuntien im Garten, Meerblick in der Ferne oder zum Sonnenuntergang über den Bergkegeln?
Ringsum ragen die Montaña de Escanfraga (482 Meter), die Montaña de los Saltos (342 Meter) und die Montaña del Mollino (277 Meter) mit ihren beiden Bilderbuchwindmühlen aus der Ebene und erinnern an die bescheidenen landwirtschaftlichen Wurzeln des längst exklusiven Orts. Wer die tollen Ausblicke und Wandermöglichkeiten nicht nur auf der Durchreise genießen möchte, quartiert sich im Hotel Rural Mahoh an der Hauptstraße ein. Das ländliche Gästehaus mit Restaurant verteilt sich auf die Gebäude einer Finca aus dem 19. Jahrhundert. Naturstein, Hof und Garten, Pool und Solarium, nur neun Zimmer (Himmelbetten!) – rustikaler Charme trifft auf Komfort, den das Herz begehrt. Bei Quesos Guriamen, der kleinen Genossenschaft gegenüber, gibt es Ziegenkäse dreier Reifegrade, verfeinert mit Paprika und Gofio, zu kaufen. Villaverde hat noch ein paar mehr Gästehäuser und Restaurants. Pure Erholung für Individualisten. An diesem Kraftort fühlt man sich mit der Natur und den Elementen verbunden und kann sich vorstellen, wie die älteste Kanareninsel vor rund 20 Millionen Jahren aus der Aktivität von Schildvulkanen im Meer entstand und dann noch einmal größer wurde. Apropos Aussicht: Von der Montaña del Mollino reicht der Blick auf die andere Inselseite bis zu den Dünen von El Jable bei Corralejo. Vom Südhang des Volcán de la Arena erstreckt sich kurz hinter Lajares eine weite Sandfläche. Villaverde lag früher am Strand, bis ein Vulkanausbruch vor 10.000 Jahren dem Inselnorden mehr Fläche bescherte. Was für ein Glück!

TIPP

La Cueva del Llano, eine Höhle mit Lavatunnel, entstand beim Ausbruch des Vulkans Escanfraga.

- Quesos Guriamen, Calle las Huertas, 47, 35640 Villaverde
- Hotel Rural Mahoh, Sitio de Juan Bello s/n, Tel. +34 (9 28) 86 80 50 www.mahoh.com
- ÖPNV: Haltestelle La Cooperativa

Springende Delfine

45

Katamarantour ab Morro Jable

Hafenausfahrt von Morro Jable: Die Dünung bewegt den Katamaran auf und ab. Es schwankt ganz schön. Vor der Theke unter dem Sonnendeck ist Schatten, vorne liegen Gäste auf ihren Handtüchern in der Sonne. Der lange Sandstreifen mit dem Leuchtturm von Jandía ist bald nur noch eine ferne Silhouette, an das Boot klatscht die Gischt. Darf es ein Bier sein? Oder doch lieber ein Wasser? Die Crew sucht mit Ferngläsern den Horizont ab. Kleine Fische und Krill in den Tiefseegräben nahe der Küste sorgen für einen großen Artenreichtum an Meeressäugern vor Fuerteventura. Whalewatching gehört auf der ganzen Insel zum beliebtesten Freizeitangebot. „In dieser Woche haben wir jeden Tag Fleckendelfine gesehen", sagt Aarón Gonzàlez Santana, seit über einem Jahrzehnt Kapitän für Magic & Sailing. „Sie sind am verspieltesten." Für Walbeobachtungen ist die Zeit von April bis Oktober am besten, die meisten Wale sind Migranten. Es ist November. Aarón bekommt eine Durchsage per Funk. Andere Boote haben die Delfine bereits entdeckt. „Es sind viele", freut sich Aarón, „vielleicht 30 oder 40, nur Fleckendelfine. Wir sind gleich da."

Blauwale, Finnwale, Seiwale, Orcas, Große Tümmler, Cuvier-Schnabelwale – um die 30 Arten stehen auf Aaróns Infosheets, mit Fotos und den deutschen Namen. Das kleinere Speed-Motorboot, das die Gäste sonst zu den faszinierenden Meeressäugern bringt, ist heute in Reparatur. Da – glatte graue Flossen. Nun stehen alle an der Reling. Wie Synchronschwimmer begleiten die Delfine den Katamaran. Schauen und fotografieren – so viele Delfine – kindliche Rufe des Erstaunens unterbrechen die gebannte Stille. Zu den Touren gehört ein kurzer Badestopp am Ende. Aarón nimmt das Mikrofon: „Tschüss Delfine, wir sind weg, sonst wird die Badezeit zu knapp." Kurz dreht er die Musik auf. Drei Delfine katapultieren mit einem übermütigen Luftsprung ihren ganzen Körper aus dem Wasser. Verspielt und kraftvoll. Ein Salto der Freude zum Abschied. Unvergessliches Glück.

- Magic & Sailing, 35625 Puerto de Morro Jable, www.magicandsailing.com
- ÖPNV: Haltestelle Morro Jable Muelle Jet Foil

Vom Meer umtost

46 Rund um den Faro de Tostón bei El Cotillo

Nur 4 Kilometer von El Cotillo entfernt finden Badende, Surfer und Landschaftsschwärmer feine weiße Sandbuchten zwischen zerklüfteter Lava, kleine, ruhige Lagunenseen, die sich beim Gezeitenwechsel bilden, weites, surfbrettflaches Land mit kargen Büschen, die auch dann noch leben, wenn sie all ihre Blätter an die Trockenheit verloren haben. Vom Wind bewegte Dünen laden zu Fotosafaris und Spaziergängen ein, wenn es mal nicht zu stark bläst. Feine Wellen, weißer Sand, Bänke aus Holzlatten, ein Panoramablick nach Lanzarote. Und dazu macht auch noch ein Leuchtturmensemble in Rot- und Weißtönen die Postkartenidylle am oft tosenden Meer perfekt.

Der 30 Meter hohe gestreifte Faro de Tostón blinzelt seit 1986 den Schiffen in der Bocayana zu, der Meerenge zwischen Fuerteventura und Lanzarote. Er ist der höchste des an der Nordwestspitze der Insel historisch gewachsenen Ensembles und einer im Bund von dreien: Das erste Leuchtfeuer von 1897 schmiegt sich 6 Meter hoch an das einstige Leuchtturmwärterhaus, heute ein kleines Museum für traditionelle Fischerei. Der zweite, weiße achteckige Turm (15 Meter) stammt von 1960. Auf dem Lehrpfad, der am Leuchtturm zu den kleinen Buchten *(caletillas)* startet, erfährt man neben Details zu Fauna und Flora auch, dass hier eh und je Strandgut gesammelt wurde. Holz und Stricke für Fischerboote, aus Schiffen gefallene Ware.

TIPP
Das Museo de la Pesca Tradicional im Leuchtturm gibt Einblicke in Fischerei- und Inselgeschichte.

Das mal wilde, mal mild gestimmte Meer zieht alle Blicke in seinen Bann und lockt Badende, Schnorchler, Taucher und Surfer. Entlang einer schmalen Schotterpiste bis Corralejo reihen sich versteckte Buchten für Verliebte und berüchtigte Surfsports für Könner mit vielsagenden Namen wie Spew Pits (Spuckgruben) und Acid Drop (saurer Tropfen). Ist weit und breit niemand mehr zu sehen, kommt ein tiefes Ende-der-Welt-Gefühl auf, was sehr beglückend sein kann, solange man nur aufs Meer schaut, wenn man kein Crack auf dem Brett ist.

● Faro de Tostón, 35650 El Cotillo

Exil im Ozean

47

Die Casa Museu Unamuno in Puerto del Rosario

Neben der Iglesia Nuestra Señora del Rosario steht die Bronze eines Literaten, Individualisten und in Spanien sehr bekannten Intellektuellen: Miguel de Unamuno. Am 29. September 1864 in Bilbao geboren, wurde er mit 36 Jahren Rektor der Uni von Salamanca. „Ihr werdet siegen, aber nicht überzeugen", so sein überliefertes geistiges Erbe. Kritik an der korrupten Oligarchie brachte ihm Strafverfahren wegen Majestätsbeleidigung ein. Als Primo de Rivera gegen König Alfons XIII. und seinen Ministerpräsidenten putschte und noch vor Franco für 7 Jahre eine Militärdiktatur führte, schickte er Unamuno ins Exil nach Fuerteventura. Das war am 24. Februar 1924 und die ferne Insel im Atlantischen Ozean kam dem Festlandspanier vor wie das Ende der Welt. Miguel de Unamuno blieb 4 Monate, bis er nach Paris fliehen konnte. In der Verbannung fand er schnell Anhänger für den intellektuellen Austausch und laut dem poetischen Werk „De Fuerteventura a París" auch Momente meditativen Glücks. „In Fuerteventura habe ich das Meer erst richtig kennengelernt", schrieb er. Aus seiner Feder floss der Satz: „Jeden Tag badete mein Blick in der ewigen Vision des ewigen Meers, jenes Meers, das die Geburt der Geschichte sah und wohl auch ihren Tod sehen wird."

TIPP

Wer möchte, kann in der Casa Museu Unamuno an einer kostenlosen spanischsprachigen Führung teilnehmen.

Die stilvoll bürgerliche Einrichtung des Hauses, in dem er wohnte und arbeitete, ist teilweise noch original. Schwarz-Weiß-Fotos zeigen ihn im Anzug bei einem geführten Kamelritt, ganz wie im Urlaub. Ein Besuch der Casa Museu Unamuno, damals noch das Hotel Fuerteventura, lässt in seine Gedankenwelt eintauchen und zeigt die inseltypische Einrichtung der Zwanzigerjahre von der Küche über das Bad bis zum *aljibe,* dem Innenhof voller Pflanzen, in dem in der Tiefe des Brunnens das kostbare Trinkwasser gesammelt wurde. Die Schreibmaschine, maurisch inspirierte Mosaike an den Wänden, historische Keramikdesignerteller im Holzschrank – viele Details entführen auf eine Zeitreise. Oft haben Gäste das Haus ganz für sich allein. Ein magischer Moment.

● Casa Museu Unamuno, Calle Virgen del Rosario, 11, 35600 Puerto del Rosario
● ÖPNV: Haltestelle Estacion Puerto

Infinitypool

48 TUI MAGIC LIFE an der Playa de Esquinzo

Sonne und Wasser ohne Ende: Der Blick schweift über das tiefe Poolblau in die Weite, verliert sich im türkis schimmernden Meer, das nahezu nahtlos in unendliches Himmelblau übergeht. So stellen sich viele ihren Fuerteventuraurlaub vor. Am Infinitypool in der Private Lodge des TUI MAGIC LIFE geht der Traum in Erfüllung. Vor dem exklusiven und ruhigen Teil des All-inclusive-Hotels hoch oben an der Steilküste erstreckt sich tief unten der goldgelbe Sand der Playa del Esquinzo. Private Lodge? Das bedeutet: aufwachen, über Palmen und den Whirlpool auf das Meer schauen, abends freie Getränkewahl und Selbstbedienung an der Bar mit Terrasse. Urlaubsglück in einem für Erwachsene und Kinder ab 16 Jahren reservierten Bereich eines Hotels mit insgesamt 668 Zimmern und 100.000 Quadratmetern.

TIPP
In den Spezialitätenrestaurants reservieren, zum Beispiel in der Bodega Española.

Wie der Name verspricht, hat das Leben im ganzen Club etwas Magisches. Katzen streifen durch den weitläufigen Hanggarten. Inseltypische Pflanzenarten sind mit ihren botanischen Namen beschriftet, an weiteren Pools begegnen sich Familien aus Deutschland, England, Spanien, Italien und Frankreich. Abends sorgen Souvenirmärkte, eine Disco, ein Theater und mehrere Bars für Unterhaltung. Neben dem großen Büfettrestaurant Magico gibt es vier Spezialitätenrestaurants, die auf Reservierung intimeres Ambiente bieten. Animationen für Kinder und Teenies, Sauna und Wellness für Erwachsene, Mountainbiketouren, Tanz- und Tenniskurse, Surfen an der Wassersportstation, Fitness, Fußball und Volleyball sichern einen glücklichen Aktivurlaub ohne Organisationsmühen. An der Rezeption kann man Ausflüge oder Delfintouren buchen. Und wer sich nur am Strand erholen möchte, braucht nicht einmal einen Mietwagen. Sonnen, Baden und Wassersport zu Füßen des Hotels. An der Playa de Esquinzo kann man bei Ebbe kilometerweit am Meer entlanggehen. Das Glück der Wanderer an den herrlichsten Stränden des Südens führt über die Playa de Jandía bis nach Morro Jable oder in Richtung Playas de Sotavento.

● TUI MAGIC LIFE, Avenida de los Pueblos, 1, Urbanización Butihondo, 35626 Morro Jable

Kleine Abenteuer

49 El Puertito de los Molinas

„Der kleine Hafen der Mühlen“ heißt das einstige Fischerdorf. Abgeschieden an der rauen Westküste verspricht es Naturliebhabern bis heute eine Prise Abenteuer. Ein Glücksort, sobald man zur richtigen Zeit kommt. In der Abendsonne spritzt die Gischt auf den golden glänzenden Kieselstrand. Hohe Felswände rahmen die Bucht. Der Weg zu den paar Hütten in Weiß ist eher eine Kletterpartie über steile Treppen. Das Meer unten hat seine Tücken, wie ein Holzpfosten mit Notruf und Rettungsring verrät. Auf den Terrassen lehnt der ein oder andere Fischerkahn an einer Hauswand. Im Sommer schwemmt der Ozean einen Sandsegen an, in Goldgelb und Lavaschwarz. Dann verwandelt ein breiter, flacher Strand El Molino in einen bei kanarischen Campern beliebten Badeort mit alternativen Vibes. Bei Ebbe werden Wege frei, um Felshöhlen und Naturbecken zu entdecken. Ortskundige klettern ansonsten über die Klippe La Cresta (der Hahnenkamm) am nördlichen Strandende zu ungestörten Sonnenplätzen in geschützten Sandbuchten. Himmlisch.

Die Dachterrasse von Las Bohemias del Amor ist ein alternativer Ort zum Chillen am Tag und ein gefragter Sunset-Treff – Drinks und einfache Küche, an der Wand freiheitsliebende Sprüche des Besitzers, eines Anwalts, ganzjährig, aber sporadisch geöffnet. Im zweiten Restaurant, der Casa Pon, unten an der Zufahrtsstraße, kommt fast täglich frischer Fisch auf den Tisch – Brasse, Barsch, Papageienfisch, dazu Salat, kanarische Runzelkartoffeln und Mojo. Reinstes Wandererglück am Ende einer Tour durch den Barranco Los Molinos (Rundweg, 8 Kilometer). Die Schlucht windet sich wie ein Mini-Grand-Canyon zwischen steilen Felswänden. Sie durchfließt ein aus einer Felsquelle gespeister Bach mit grünem Saum. Willkommen im Zuhause der Seidenreiher und Gänse und der am Himmel kreisenden Schmutzgeier. Zwischen Februar und Juli ist der Barranco zum Schutz der Vogelwelt gesperrt. Brutzeit. Dann bietet der Küstenweg von Los Molinos zur Playa de Jarugo eine Alternative mit beglückender Badepause.

● 35611 Puertito de los Molinos

LAS BOHEMIAS DEL AMOR

Kulturtreff in der Natur

50 Die Casa de Naturaleza

Eine überdachte Naturbühne aus Holz über einem künstlich angelegten Teich mit Blumenkästen, Holztische zwischen Sonnenschirmen und Palmen, Bougainvilleen, Bambus, Pampasgras, der Blick schweift zu den Vulkankegeln und Feldern des Parque Natural de Betancuria. Manchmal duftet es aus dem Restaurant mit schattigem Patio nach frischem Zicklein und – vielleicht – Thymian? Keramik, geflochtene Körbe, Kupfertöpfe, Topfpflanzen und traditionelle Möbel sorgen für nostalgischen, rustikal-ländlichen Charme. Für eine Erfrischung, Kaffee und Kuchen oder Tapas mit Ziegenkäse und Wein findet man hier mitten in der Natur hinter der Steinbrücke von Vega de Río Palmas, rund 5 Kilometer von Betancuria, einen Glücksort zum Entspannen – romantisch oder als wohlverdiente Pause nach einer langen Wanderung.

Sonntagmittags ab 12 Uhr spielt eine neunköpfige Band, manchmal mit Flamencotänzerin, auf der Seebühne, ein Event, der die Kulturschickeria und die auf Fuerteventura lebenden Expats zu Stammgästen gemacht hat. World Music, Drinks, entspannter Smalltalk oder die Anbahnung kleiner und größerer Geschäfte und künftiger Kunstevents mischen sich mit familiärer Feierlaune am Sonntag – ein VIP-Treff, an dem einige der Macher der Insel zusammenkommen, Menschen wie der Bildhauer Juan Miguel Cubas aus Pájara, bekannt für seine Skulpturen aus Stein, Ton und Stahl und als Organisator des Skulpturenfestivals der Insel, und Menschen, die für die Inselregierung oder das Biosphärenreservat arbeiten. Von Juan Miguel Cubas stehen auf Fuerteventura über 20 Werke, ein paar Bildhauerarbeiten auf dem Gelände direkt gegenüber. Einen kennen hier alle: den Besitzer. Der deutsche Fotograf Reiner Loos, der seit 1997 auf Fuerteventura lebt, genießt seit Langem den Ruf, Gastronomie, Architektur und Kultur effektvoll unter einen Hut zu bringen. Mit einer kostenlosen multimedialen Ausstellung – Fotos und Videos zur lokalen Flora und Fauna – fungiert seine Casa de Naturaleza auch als privates Infozentrum zum Naturpark Betancuria.

● Casa de Naturaleza, Calle de San Juan Torcaz s/n, 35637 Vega de Río Palmas, Tel. +34 (6 29) 26 82 28, www.casanaturaleza.net
● ÖPNV: Haltestelle Vega de Río Palmas

Heilige und Ärzte

51 Die Dorfmuseen von La Ampuyenta

Schnell ist man vorbeigefahren, so klein ist Ampuyenta. An der Durchgangsstraße stehen drei Gebäude, weiß getüncht mit roten Streifen und Fensterrahmen. Repräsentative Backsteinarchitektur. Es ist aber kein überdimensioniertes Rathaus, sondern sollte ein Krankenhaus mit zwölf Betten werden, das nie in Betrieb genommen wurde und heute meist leer steht, wenn es nicht als Ausstellungsfläche genutzt wird. „Anno 1891" steht über der Tür auf der Hinterseite. Abgewandt von der Straße ist hier der Eingang zu einem erstaunlichen Museumsensemble für ein 300-Seelen-Dorf mit Bauernhäusern und Feigenkaktusgärten.

Eine Museumsmitarbeiterin gewährt Einblick in die „Sixtinische Kapelle" der Kanaren, eine Kirche, die ansonsten verschlossen ist. Barocke Wandmalereien schmücken den Altarraum vom Boden bis zur Decke, im Hauptschiff sind die Wände stellenweise weiß getüncht. Blätternder Putz, ein Fußboden aus locker zusammengefügten Quadersteinen, polychrome Muster auf den Dachbalken, Malereien, die aus volkstümlicher Perspektive die Wundertaten des Dorfschutzheiligen San Pedro de Alcántara thematisieren, ein für Kunstliebhaber beglückendes Highlight im Dorf. Franziskanermönche erbauten die Kirche im 17. Jahrhundert und eine Treppe in den kurios an der Außenwand stehenden Glockenturm, über die auch der kleine Chor im Innenraum zugänglich war.

Bruder Andrès, ein Anfang des 19. Jahrhunderts im Dorf geborener Franziskaner, ist in Chile und Uruguay bis heute berühmt für seine Dienste an den Armen. In seinem einfachen Geburtshaus erinnert eine *ermita* (Einsiedelei) an ihn, ein verschwiegener Ort. Wieder zurück an der Hauptstraße entführt ein großzügiges Wohnhaus mit *aljibe* (Zisterne) im Innenhof in die schicken Privaträume und die Arztpraxis von Dr. Tomás Mesa y Mena. Als Kuba-Rückkehrer praktizierte er wieder in seinem Heimatort und initiierte den Bau des nie eröffneten Landkrankenhauses. Im Jahr 1802 in La Ampuyenta geboren, war er wie so viele ausgewandert und hatte es auf Kuba zu gewissem Reichtum gebracht.

- Complejo Cultural Patriomonial de la Ampuyenta, Lugar Ampuyenta, 58, 35637 La Ampuyenta, Tel. +34 (9 28) 85 89 98
- ÖPNV: Haltestelle Doctor Mena, La Ampuyenta

Sternschnuppen zählen

52 Der Mirador Astronómico de Sicasumbre

Nur um die 300 Meter hoch über dem Meeresspiegel ist man am Aussichtspunkt Sicasumbre dem Himmel näher als an anderen Orten der Erde. Romantiker zieht es zum Sonnenuntergang oder bei Nacht mit ihren Liebsten hierher. Bei Tag verlockt der magische Aussichtspunkt dazu, auch den gleichnamigen Gipfel (528 Meter) zu erwandern und die anderen Besucher weit hinter sich zu lassen, die nur bis zu den installierten Infotafeln, dem Fernrohr und den Ziegenskulpturen gehen. Befreiende Weitläufigkeit, aber auch vom Aussichtspunkt selbst ist der Blick bereits umwerfend. Er reicht über einen großen Teil des Südens über die Dünen des Istmo de la Pared und zu den wilden Stränden von Cofete.

Sicasumbre ist ein ganz besonderer Glücksort, um himmlische Sonnenuntergänge zu beobachten. Sie verzaubern die Landschaft ringsum durch ein strahlend warmes Spiel von Licht und Farben – violett schimmernde Passatwolken oder ein Himmel in Blutorange. Ist die Sonne in der Ferne im Meer versunken, glüht es noch etwas nach. Wenn in kontemplativer Versunkenheit jeglicher Zeitdruck an Macht verliert und einem zudem das Glück eines lauen Sommerabends beschieden ist, wartet man einfach die Dunkelheit und das Funkeln der Sterne ab. Seltenes Glück, denn in der Nacht ist es hier oft windig und kühl. Trotzdem kommt manch passionierter Himmelsbeobachter im dicken Pulli oder mit Windjacke für ein Rendezvous mit Mond und Sternen mitten in der Nacht hierher, auch mit Fotostativ und Teleskop. In den Boden eingelassene LEDs weisen dank Solarenergie den Weg vom Parkplatz, minimale künstliche Lichtquellen. Auf der Erde sieht man trotzdem kaum die Hand vor Augen, während am Himmel die Milchstraße und weitere Sterne leuchten – Abertausende. Im Frühjahr ist Spica der hellste im Sternbild Jungfrau, man entdeckt den Bärenhüter und den Raben. 2015 erklärte die UNESCO Fuerteventuras Nachthimmel zum Starlight Reserve, wie bereits zuvor den der Insel La Palma und Teneriffas Teide. Wenn die Chance auf noch mehr Glück als Sternschnuppen vom Himmel fällt, braucht man bloß hinzuschauen.

● Mirador Astronómico de Sicasumbre, FV-605 (km 11,8), zwischen 35628 Pajara und 35627 La Pared

Bio-Finca

53 Verdeaurora im Malpaís Grande

Die Farm Verdeaurora liegt mitten im Malpaís Grande mit seinen buckeligen Lavafeldern von großer Trockenheit und wilder Schönheit. Aurora Mesa, hier aufgewachsen, kehrte nach dem Studium zurück und möchte nirgends anders mehr sein. Sie gehört zur dritten Generation des Familienbetriebs, den ihr Bruder Luis 2013 übernahm. Die beiden verbrachten hier ihre Kindheit und sind sehr heimatverbunden. Mit bewunderndem Blick hinauf zu dem Vulkankegel hinter den Aloe-Feldern des Hofs erzählt sie: „Hier kreisen oft *guirre* – Schmutzgeier. Sie sind vom Aussterben bedroht. Wir beobachten sie täglich. Was für ein Glück!“ Das Gelände der Finca lag in Zeiten, als es auf der Insel noch nicht so trocken war, in Fuerteventuras Kornkammer – kaum mehr vorstellbar. „Unsere Großeltern haben den Hof gekauft und hier Tomaten angebaut“, so Aurora. Alles ist der trockenen Erde abgerungen. Bananen, Papayas und dank intensiver Bewässerung dichtes Grün in einem experimentellen Garten um das ehemalige Tomatenhaus zeigen, wie reich die Vegetation auf der Insel sein könnte, gäbe es genügend Wasser.

Schon Auroras Eltern vermieteten Ferienhäuser auf dem Hof. Bruder Luis hat als ehemaliger Architekturstudent ein Händchen für Design und Naturmaterialien. Auch er wohnt mit seiner Familie auf der Farm. Die glücklichen Feriengäste können nach Herzenslust auf der Finca umherstreifen, durch den Olivenhain mit 600 Bäumen spazieren und am Abend die Ruhe genießen. Schafe und Esel gibt es auch. „Sie gehören zur Familie, ein paar haben wir in Pflege genommen, es sind jetzt unsere Maskottchen“, sagt Aurora. Olivenöl-Tastings, Starlight Experiences – Besucher können Führungen und Workshops buchen, ein vorbestelltes kanarisches Essen auf der Terrasse neben dem Natursteinhaus genießen oder im schicken Hofladen Bio-Aloe-vera-Produkte und prämierte Olivenöle direkt vom Erzeuger kaufen. Verdeaurora bewahrt Inseltraditionen und kreiert Neues, alles hier basiert auf der modernen Glücksformel aus Nachhaltigkeit, Bioprodukten und Ökotourismus.

- Verdeaurora Bio Farm, Tenicosquey, 7, 35630 Antigua, www.verdeaurora.com

Wunder der Erosion

54 Das Felsentor Arco del Jurado

Von Ajuy kommt man nur mit einem Offroad-Fahrzeug hin, durch den Barranco de Ajuy über die grüne Palmenoase Madre del Agua (Glücksort 63). Die Strecke lässt sich auch erwandern und es gibt eine kürzere Alternative im Anschluss an den Küstenweg zur Höhle Cueva de Ajuy (Glücksort 5) über das Hochplateau immer am Meer entlang, bis man das fantastische Ziel schon sieht. Es ist das riesige Lavafelsentor Arco del Jurado. Schon von Weitem beeindruckend, erweist es sich als immer schöner, je mehr man sich nähert. An diesem Strand könnte man Stunden verweilen, selbstvergessen der Natur lauschend. Die hier berauschend wilde Brandung tobt zum Baden oft zu sehr und bildet auch gefährliche Unterströmungen. Sie hat die Steilküste mit für menschliche Begriffe zeitloser Ausdauer angenagt und erodiert. So lange, bis in der Bucht nichts mehr von der früheren Felskante übrig blieb als dieser imposante Felsbogen, durch den bei Flut der Ozean springt. Was den Ort noch abenteuerlicher macht: Im November 1404 soll Conquistador Gadifer de la Salle, der Weggefährte Jean de Béthencourts und Gründer Betancurias, hier gelandet sein, im Mündungsgebiet des Barranco de la Peña. Kein Zufall, sondern Strategie. Und laut Gerichtsspruch in Valle Santa Inès definierte der Felsbogen den Verlauf der Grenze zwischen dem Nord- und Südreich der Stammesfürsten Guise und Ayose.
Bei Ebbe bildet sich in einer Senke unter dem Arco ein klarer Meerwassersee mit Kieselgrund. Wahrhaft ein Glücksort für ein erfrischendes Bad im Schatten des Felsentors, noch dazu geschützt in ruhigem Wasser mit Blick auf die sanft vom Passat gepeitschten, Gischt versprühenden Wellen ringsum. Wenn die Sonne am Vormittag im Osten aufgeht, setzt sie die Szenerie ins richtige Licht, aber auch tagsüber findet jeder seine Perspektive und freut sich über die malerische Naturkulisse. Ab und zu bringen Ausflugsanbieter kleine Gruppen für ein Picknick mit Drinks und Musik hierher, ansonsten sind Möwen oder andere Wanderer oft die einzige Gesellschaft.

- Arco del Jurado, 35637 Betancuria
- ÖPNV: Haltestelle Playa Ajuy, von hier zu Fuß über die Klippen am Meer entlang

Wellenreitertraum

55 Die Surfschule Wellenkind in La Pared

Stefanie Mörtl und Rolf Schmunk pendeln täglich über die FV-605, die Straße über den Istmo de La Pared, durch die Sanddünen der schmalen Taille der Insel, die hier von einer Küste zur anderen rund 5 Kilometer misst. Sie wohnen in Costa Calma, dem zweitgrößten Ferienort des Südostens, und haben in La Pared an der wilden Westküste ihren Glücksort gefunden, die Surfschule Wellenkind. Die Ortseinfahrt, eine Schotterpiste, dann geht es links in die überdimensionierte Hauptstraße mit Palmen und einem Grünstreifen, Zeugnis ambitionierterer Pläne für den Tourismus, der aber seit Jahrzehnten individuell und überschaubar blieb. Ein Stück hinter dem Café Plan B liegt die Surfschule. Dann nur noch Natur, Sanddünen und der zweite Strand des Orts, die Playa del Viejo Rey. Feiner Sand und die Sonnenuntergänge – einfach zum Verlieben. Für Steffi und Rolf passte alles zusammen. Sie, damals noch Ingenieurin bei BMW im Homeoffice, kam im Coronajahr 2020 zum Wellenreiten aus München nach Fuerteventura. „Irgendwann wollte ich nirgends anders mehr sein als in La Pared." Als leitende Managerin in der Surfschule des Vorbesitzers David suchte sie Mitarbeiter: „Rolf bewarb sich mit nur einem Satz aus Ecuador und ich stellte ihn sofort ein." Als Sohn eines Deutschen ist er in Quito geboren, in Esmeralda aufgewachsen und surft, seit er denken kann.

TIPP

Im Shop kann man nachhaltige Mode der hauseigenen Marke kaufen und Boards sowie Surfskates ausleihen.

Als Beyond Surfing im Jahr 2023 Wellenkind zum wiederholten Mal unter den besten 10 Prozent aller europäischer Surfschulen auszeichnete, waren die beiden schon ein Paar und hatten David die Schule abgekauft. Zu Wellenkind gehört ein Surfcamp in einer Lodge im Holzdesign – Betten mit Steckdose, TV mit Netflix, YouTube und gesellige Kochabende nach dem Surfen. Alternativ lässt man sich vom Hotel abholen. Die lizensierten Surflehrer sind auch Lifeguards und es gibt Kurse für jedes Level. Wann sie beginnen, bestimmt die Melodie des Meers, sprich Wind und Gezeiten. Gute Chancen, auf der Welle unvergessliche Sonnenauf- oder -untergänge zu erleben. Ganz schön viel Glück.

● Surfschule Wellenkind, Avenida del Istmo, 6, 35627 La Pared, Tel. +34 (6 21) 31 91 41, www.wellenkind-surfschool.com, www.beyondsurfing.com/surfcamps/fuerteventura
● ÖPNV: Haltestelle La Pared

Wellenkind
SURFSCHOOL

Nostalgisch

56 Das Ecomuseo La Alcogida in Tefía

Ein Freilichtbauernhofmuseum? Klingt gar nicht so spannend, doch an diesem nostalgischen Ort in einer weiten, wüstenhaft trockenen Ebene mit Blick auf vom Wind geschliffene Vulkankegel begibt man sich auf eine entrückende Zeitreise. Am schönsten ist sie, wenn man fast allein ist. Hier ist die Essenz des Landlebens der Insel versammelt – Opuntien, Agaven und Wolfsmilchgewächse, Dreschplätze, ein Modell der einst von Eseln oder Kamelen bewegten *tahonas* zum Mahlen, Steinbacköfen, Zisternen und *pajeros* (Strohgarben). Eintauchen kann man mit einem gut gemachten Video. Und dann heißt es, die sieben pittoresk restaurierten Höfe auf eigene Faust auf einem kleinen Landspaziergang besichtigen, der bis auf die andere Straßenseite führt. Palmwedel rascheln im Wind, Olivenbaumblätter glänzen silbrig in der Sonne, Streicheleinheiten für den Esel – das sind Glücksmomente, in denen man sich nicht mehr wie im Museum fühlt.

TIPP

In Los Estancos kann man Fuerteventuras letztem aktiven Müller beim Gofiomahlen zusehen.

Sieben weiß getünchte Steinhäuser mit Kalkverputz und Ziegeldächern machen mit dem Wohnen auf dem Land vertraut. Ein Gruß aus der alten Welt. Bis in die 1970er-Jahre lebten hier noch die Besitzerfamilien, nach denen die Häuser bis heute benannt sind. Bei der Renovierung in den 1990ern bemühte sich die Gemeinde darum, die Landarchitektur exemplarisch darzustellen, von der kleinen Hütte mit Küche, Wohn- und Schlafraum, alle mit gestampften Lehmfußböden, bis zum zweistöckigen Gutshaus mit Balkonen und Treppen aus Holz. Innen lernt man Wasserfiltersysteme mit Filtersteinen und Handmühlen kennen und in ein paar Häusern zeigen heutige Dorfbewohnerinnen historisches Handwerk. Wer beim Töpfern, Weben oder Sticken zusehen kann, hat großes Glück, denn die alten Handwerkstechniken der Insel beherrschen nur noch wenige. Die Frauen, die hier noch arbeiten, sind wahrscheinlich die letzten. Heute ist kaum noch jemand bereit, gestickte Muster für Bordüren oder gar *calados* zu fertigen, die aufwendigen und teuren Hohlraumstickereien, die einst vielen das Überleben sicherten.

● Ecomuseo La Alcogida, Lugar Aldea Tefía, 35611 Tefía, Tel. +34 (9 28) 17 54 34
www.museosfuerteventura.com/museos/ecomuseo-de-la-alcogida
● ÖPNV: Haltestelle Ecomuseo Tefía

Glückspionier

57 Robinson Club Jandía Playa in Morro Jable

Im Jahr 1971 stand der zehnstöckige Turm des Robinson Club Jandía Playa noch ganz allein an dem 20 Kilometer langen weißen Pudersandstrand. Und auf der Insel mit subtropischem Wüstenklima rund 100 Kilometer vor der afrikanischen Saharaküste gab es erst sieben Hotels. An der Meerespromenade vor dem Hotel erinnert seit 2017 eine Skulptur an den Gast, der dem Tourismus der Deutschen auf der Insel den entscheidenden Kick gab. Lebensecht zeigt sie Willy Brandt, barfuß neben seinem Hund Bastian sitzend. Eine Hommage an den regierenden Bürgermeister von West-Berlin, sozialdemokratischen Bundeskanzler und Friedensnobelpreisträger, aufgestellt zum 45. Geburtstag seines ersten Inselbesuchs im Jahr 1972. Damals gab es auf der Halbinsel Jandía weder Telefon noch Strom, Familie Brandt kam vom Flughafen aus per Hubschrauber. Das Hotel hatte einen Generator. Brandt ließ sich eine Funkstation einrichten, bereitete seine Regierungserklärung im Deutschen Bundestag vor – und machte Urlaub. Er fuhr mit den Fischern von Morro Jable hinaus, um zu angeln. Und als Ehefrau Ruth bei dem langen Ritt zum Strand von Cofete vom Esel rutschte und schallend lachend auf dem Rücken landete, kam Fuerteventura in die Schlagzeilen. „Heitere Urlaubseseleien" textete der Stern. Die Insel wurde bekannt und Brandt zum Urlaubspionier der Deutschen.

TIPP
Das sympathische Zentrum von Morro Jable ist in rund 10 Minuten zu Fuß erreichbar.

Die Zeiten haben sich geändert, im längst neu gebauten Turm des Hotels lockt in 40 Metern Höhe eine Rooftop-Bar mit Infinitypool, tollem Ausblick und Eventprogramm zum Chillen. Grüner Strom, Workstations für das Homeoffice … Im Turm und den Gebäuden im Garten gibt es komfortable 114 Doppelzimmer und 26 Suiten, auf dem großen Gelände Pools, Tennisplätze, ein WellFit-Spa mit Dampfbad und Sauna. Zu den Urlaubern zählen deutsche Stammgäste und viele Singles – *adults only*. Gehobene Küche, Sundowner mit DJs, Partyevents und fast unendliche Sportmöglichkeiten … Ein glamourös-romantischer Glücksort, an dem sich bereits so manches Paar kennengelernt hat.

- Robinson Club Jandía Playa, Avenida del Saladar, 6, 35626 Morro Jable
  www.robinson.com
- ÖPNV: Haltestelle Jandía Playa oder Jandía Palace

"Willy Brandt"
Canciller de la República Federal Alemana,
Alcalde de Berlín y Premio Nobel de la Paz 1971
Precursor del turismo alemán en la Península de Jandía
Obra del escultor Rafael Gómez González
Siendo Alcalde de Pájara D. Rafael Perdomo Betancort
- 2017 -

Einfach zum Anbeißen

58 Lieblingsrestaurants im Fischerdorf El Cotillo

Paella, authentisch und fotogen, Fisch- und Meeresfrüchte vom Fischerboot fangfrisch angeliefert, leicht gehobene Inselküche zu noch zivilen Preisen und ein Traumblick auf die Wellen in der Bucht vor El Cotillo und den von der Sonne vergoldeten Abendhimmel. Vielleicht noch Cava, Wein oder Cerveza oder ein Cock- oder Mocktail – und das Glück winkt. An der Muelle Viejo ziehen gleich zwei benachbarte und inselweit bekannte Restaurants Genießer schöner Momente in ihren Bann. Auf der Dachterrasse von La Vaca Azul (Die blaue Kuh) steht eine blau-weiß gefleckte Kuh, zum Flair gehören weiß getünchte Wände, Gemälde und meerblaue Akzente. Das Gastronomenpaar Katia und Claude aus Frankreich übernahm La Vaca Azul 2005 als Café und schuf ein weltoffenes, charmant-modisches Ambiente. Neben Fischgerichten gibt es Salate, Fleisch und Reispfannen nach raffiniert modernisierten kanarischen Rezepten.

Ein paar Schritte weiter lockt die Terrasse von La Marisma de Mariquita Hierro. Ein Porträt im Speisesaal zeigt die Gründerin María Hierro Morales (1910–1996), deren Enkel ihr gastronomisches Erbe weiterführen. Sie brachte Inselgeschmäcker und die Kochkünste des Volks auf den Tisch – ihr *caldo de pescado* (Fischbrühe) galt als legendär. Als eine der wenigen damals berufstätigen Frauen eröffnete sie eine Bäckerei, dann einen Tante-Emma-Laden, der nach und nach mit immer mehr Restauranttischen bestückt wurde. Hier war die Küchenpionierin täglich präsent und plauderte gastfreundlich mit den Bekannten aus ihrem Heimatort, während sie Papageienfische entschuppte oder Waren über die Theke reichte. Noch zu Lebzeiten bekam sie Medaillen und Auszeichnungen für ihre Fischrezepte und die Kreation eines Orts, der Touristen wie Einheimische anzog. Die Nachfahren modernisierten und vergrößerten und pflegen Tradition und herzliches Ambiente. An einem solchen Ort lässt es sich Stunden genussvoll verweilen und aufs Meer schauen.

- La Vaca Azul, Calle Requena, 9, 35650 El Cotillo
- La Marisma, Calle Santiago Hierro s/n, 35650 El Cotillo
- ÖPNV: Haltestelle Hotel Cotillo

Tropical

Kunst und Meeresrauschen

59

Die Avenida Maritima in Puerto del Rosario

Mit mehr als nur einem Funken Wahrheit nannten die Leute Fuerteventura einst „Ziegeninsel" und ihre Hauptstadt Puerto Cabras (Ziegenhafen). Seither hat sich viel getan. Im quirligen Puerto del Rosario legen Kreuzfahrtschiffe und Fähren aus Gran Canaria an. Fischerboote und Segeljachten schaukeln vor mit Containern beladenen Riesenpötten und den Industrieanlagen im Hafen. Autoverkehr, Alltagsleben und funktionale Architektur prägen die erst 1795 gegründete Stadt mit rund 42.000 Einwohnern. Eigentlich klein, doch verglichen mit der leeren, stillen Landschaft der Insel wirkt sie heute gar nicht mehr bäuerlich. Mit Fassadenbildern und um die 150 Skulpturen setzte man auf die Anziehungskraft der Kunst. Zum Glück für Besucher und Bewohner kam ein pfiffiges Facelifting als dem Meer zugewandte Horizonterweiterung hinzu: die 1,5 Kilometer lange Avenida Maritima – Fußweg, Open-Air-Skulpturenpark und Meerespromenade. In ganzer Länge verbindet sie auch das Kongresszentrum mit Konzertsaal und das Viersternehotel El Mirador mit der City. Von seinem kleinen Aussichtspunkt durch die Fenster eines Holzpavillons reicht der Blick über die lange Playa Blanca.

Ein schöner Spaziergang mit Kunst und Meeresrauschen führt von der Playa Chica immer am Hafen entlang an der Markthalle und Tourismusinfo vorbei bis zum Ausstellungszentrum für Gegenwartskunst, dem Centro de Arte Juan Ismael (Glücksort 20), und einem weiteren Strand mit Café- und Restaurantterrassen. Palmen, Agaven und Salzwiesen säumen den Weg zum Flanieren, Aufs-Meer-Schauen, Joggen und Baden. Unterwegs erinnern Skulpturen an die Härten des Fischens, an die Gehäuse der Meeresschnecken, in die einst geblasen wurde, um über Distanzen zu kommunizieren, an die Emigration oder auch an Star Wars. Was für ein Glück, dass es in Puerto del Rosario Sinn für Kunst und seit 2009 das Simposio Internacional de Escultura gibt. Bei diesem Event arbeiten Künstler an Skulpturen, die oft einen Platz auf der Insel finden.

TIPP

Das Cangrejo Colorao (Calle Juan Ramón Jiménez, 1) ist ein bei Einheimischen beliebtes Meeresfrüchtelokal.

● Avenida Maritima, Avenida Reyes de España, 35600 Puerto del Rosario
● ÖPNV: Haltestelle Estacion Puerto

...mis compañeros iban a pescar peces, yo a pescar metáforas
hundiendo mi mirada en el regazo de las olas azules.
192
...a los pescadores y sus familias.
16

Wanderglück in Etappen

60 Am Puls der Natur auf dem Fernwanderweg GR-131

Von November bis April ist das Wetter auf der Insel des ewigen Frühlings zum Wandern ideal. Auf Schusters Rappen gelangt man im Biosphärenreservat Fuerteventura an Orte, die kein Geländefahrzeug erreicht, ganz nah am Puls der Natur und oft mit fantastischer Aussicht. Das Wegenetz ist gut ausgeschildert und führt durch die drei Naturparks Islote de Lobos, Corralejo und Jandía, den Landschaftspark Betancuria, die Landschaftsschutzgebiete Malpaís Grande und Vallébron und zu etlichen Naturdenkmälern. Die neun Etappen (6–8 Stunden) des Fernwanderwegs GR-131 in Rot sowie die kürzeren Touren PR und SL in Gelb und Grün bilden ein gut erschlossenes Wanderwegenetz von insgesamt 255 Kilometern. An den Parkplätzen und Ausgangspunkten stehen Hinweisschilder (auch auf Deutsch). Auch auf nach eigenem Gusto dosierten Teilstücken erlebt man Glücksmomente im Einklang mit sich selbst und der Natur.
Für jeden machbar und wunderschön ist die Etappe des GR-131 (1,5 Stunden) auf der Isla de Lobos, mit etwa 3,5 Kilometern Länge die kürzeste. Vom Bootsanleger linker Hand den Wegweisern folgend kommt man auf dem GR-131 auch zum Inselstrand Playa de la Calera mit beglückender Aussicht. Der ganze Charme der Insel entfaltet sich auf dem Weg bis zum Leuchtturm Faro de Martino und durch das Salzwiesengebiet Las Lagunitas, der einzigen Heimat des kanarischen Strandflieders. Viele GR-Etappen beginnen im Zentrum der Orte. So geht es vom Kirchplatz von La Oliva nach Tefía (17 Kilometer, 6 Stunden) und im Dorf Tindaya beginnt zum Beispiel der Kurzwanderweg PR-FV-9 (Tindaya–Vallebrón–Tefía). Loswandern kann man auch von den Kirchen in Antigua oder Pajara. Oder man genießt den umwerfenden Bergblick am GR-131, der den Kreisverkehr am Mirador mit den Skulpturen der Urbewohner Guise und Ayose überquert und bis Betancuria hinabführt. Auf der Halbinsel Jandía kann man direkt vor der Hoteltür loswandern – entlang der Küste zwischen Risco del Paso und Morro Jable (achte Etappe, GR-131, 14,4 Kilometer, 5 Stunden) – einfach wunderschön!

● GR-131, 35660 Isla de Lobos, Startpunkt der ersten Etappe am Fähranleger
● ÖPNV: Haltestelle Muelle Corralejo

Wellen und Wanderdünen

61 Faszination der Naturkräfte am Istmo de la Pared

Spektakuläre Wellen, eine frische Brise und ein bisschen Nervenkitzel – wer das erleben möchte, fährt an die Westküste. Während das Meer an der anderen Inselseite bei Costa Calma zahm und glatt ist, gebärdet es sich vor La Pared oft wild und bildet gefährliche Unterströmungen. Der flache goldgelbe Sand an der Playa del Viejo Rey verlockt trotzdem zum Wellenreiten. Mit den Anfängern bleiben die Surfschulen im bauchtiefen Weißwasser der quirligen Brandung. An ganz wilden Tagen können Besucher nur vom Parkplatz aus hinunterblicken und der Sandstrand ist überspült. Nebenan an der Playa de la Pared umtost der Atlantische Ozean die Punta de Guadalupe. Man kann bis ans Ende der rund 100 Meter langen Lavaklippe spazieren, die Brandung aus der Vogelperspektive genießen und wie eine Möwe auf der Klippe sitzen. Was für ein Glücksort, aber Vorsicht bei Wind und nicht zu nah an die Wasserkante. Es geht 20 Meter in die Tiefe. Wie eine Mauer ragt der Fels ins Meer, dem die Wasserkraft der Erosion über die Jahrhunderte nichts anhaben konnte, bis auf das Loch, das die Brandung hineinfraß. Seither grüßt die Punta vom Strand aus als Felsentor.

Bei La Pared ist Fuerteventura am schmalsten und ungeschütztesten und lässt dem Nordostpassat ein leichtes Spiel. Ungehindert fegt er über den Isthmus, die durch eine Winddrift entstandene Landbrücke zwischen der Halbinsel Jandía und dem Maxorata genannten übrigen Teil der Insel, die vor langer Zeit einmal durch Wasser getrennt waren. Der starke Passat verweht unermessliche Sandmengen und bewegt die Wanderdünen am Isthmus und auf der anderen Inselseite mit den breiten sandreichen Playas de Sotavento. Bei Wanderungen, zum Beispiel auf Teilstücken der siebten Etappe des GR-131 zwischen La Pared und Risco de Paso, offenbart sich eine Wüstenlandschaft. Mit ganz viel Glück bekommt man hier einen der beheimateten Steppenvögel zu sehen – Sandflughuhn, Rennvogel oder die endemische Saharakragentrappe.

TIPP

Der Reitstall Rancho Barranco de los Caballos bietet traumhafte Strandausritte an (www.reiten-fuerte.de).

● Istmo de la Pared, FV-605, 35627 La Pared
● ÖPNV: Haltestelle La Pared

Flaniermeile

62 Die Strandpromenade von Corralejo

Am Hafen gratis parken, zur Mole gehen und einfach immer weiter der Meerespromenade folgen: So erlebt man Corralejo von seiner Schokoladenseite, die salzige Brise in der Nase und den Grill- und Bratenduft der Restaurants an der Landseite, zur anderen Meerblick, Himmelblau über Azur, Palmen an Sandbuchten vor der Häuserzeile. Hinter den Masten der Segelboote im Hafen die Hügel der Isla de Lobos und in der Ferne die Vulkankegel von Lanzarote. Ein Traum. Die Ebbe erschafft eine Weite, in der Expeditionen ins Watt möglich sind. Kinder ziehen mit Eimern und Schaufel auf der Suche nach kleinen Krebsen durch den Schlick. Angespülter Seetang zeugt von sauberem Wasser. Hier ein *chiringuito*, eine Strandbar zum Verweilen, dort eine Kitesurfstation, urbane Sandbuchten mit guter Infrastruktur voller zufriedener Urlauber, aber ein Plätzchen für das Handtuch findet man immer, zu sehr verlockt die erfrischende Abkühlung im Meer.

Der Promenade weiter folgend, übernimmt immer mehr die Natur die Regie, statt Stadthäusern säumen nur Hotels und Ferienapartments die Strandlinie, keine schlechten Adressen in halber Entfernung zum trubeligen, gern von englischen und deutschen Touristen frequentierten Zentrum voller Fischrestaurants, Musikpubs und Nightlife der Surferszene und der beinahe menschenleeren weiten Dünen- und Sandlandschaft des Parque Natural de Corralejo (Glücksort 29). Erst kommt man zu einer Bank in Regenbogenfarben und, wenn man den Trubel schon ein wenig hinter sich gelassen hat, zu einer Bank auf einem kleinen Sandhügel. Was für ein Glücksort, um aufs Meer zu schauen und den Tag ausklingen zu lassen. Die Promenade führt bis zu den beiden großen Riu-Hotels Tres Islas und Oliva Beach, entstanden in den 1970ern kurz vor Baustopp im Naturpark. Ab hier folgt Sand, Sand, Sand, eine Wüste am Meer, die Badegäste glücklich macht. Grund genug für den Boom des früheren Piratennests und Fischerdorfs Corralejo zu einem geschäftigen Wohnort mit über 20.000 Touristenbetten. Bunt und urban direkt am Meer.

TIPP

Den Sundowner mit den Füßen im Sand im Waikiki Beach Club (Hernandez Moran, 11) genießen.

- Strandpromenade, 35660 Corralejo
- ÖPNV: Haltestelle Muelle Corralejo

Palmenoase

63 Der Barranco de la Madre del Agua bei Ajuy

Selbst bei größter Hitze gibt es hier Wasser aus einer nicht versiegenden Quelle im Fels. Vielleicht heißt der immergrüne Ort, eine Rarität auf der wüstenhaften Insel, Mutter des Wassers – Madre del Agua –, weil die Ureinwohner hier aus lauter Dankbarkeit für das Lebenselixier eine Göttin verehrten. Angesichts der grünen Palmenoase mit Schilf, Gras und Tamarisken kommen Glücksgefühle auf. Wanderer fühlen sich wie Filmhelden, vor dem Verdursten gerettet und auf der Suche nach abenteuerlichen Fotomotiven. Libellen flattern über dem Nass, der ein oder andere Vogel fliegt auf. Vielleicht durchbricht ein Froschkonzert die Stille. Außer Touristen dringt heute kaum mehr jemand in den Lebensraum der Vögel und Insekten ein.

Auf schmalen Pfaden geht es neben teils schon zerbröckelten Bewässerungskanälen bergan zu einem Wassersammelbecken. Ringsum verlassene landwirtschaftliche Terrassen. Einige der Palmen sind umgestürzt, andere sehen an ihrem unteren Ende recht struppig aus. Wenn es im Winter doch mal regnet und stürmt, kann das Rinnsal zu einem Sturzbach anschwellen. Aus dem oberen Teil der Schlucht hinabtosend, hat es die gleiche Wirkung wie ein Erdrutsch, formt das Gelände neu, zerfurcht es, reißt das Erdreich um die Palmen herum fort oder stürzt sie um. So haftet dem Bild der Oase etwas Wildes an und ihre Betonkanten und Kanäle erzählen von besseren Zeiten, zumindest für die Menschen, die im Gebiet des Barranco de Ajuy noch bis Mitte des 20. Jahrhunderts intensiv Tomaten anbauten und die Felder bestellten. Die Oase Madre del Agua liegt unterhalb des Sees Presa de las Peñitas, der nicht weit von der Kapelle Ermita de la Peña gestaut wurde. Die Schlucht lässt sich auf 8,5 Kilometern bis hinunter zum Strand von Ajuy oder zum Arco del Jurado durchwandern. Die Oase liegt nur noch knapp 2,5 Kilometer vom Strand entfernt. Wenigstens diese paar Kanarischen Palmen sind dank der Quelle noch erhalten und bewähren sich als Überlebenskünstler in salzig-mineralischer Umgebung.

● Barranco de la Madre del Agua, 35628 Ajuy
● ÖPNV: Haltestelle Playa Ajuy

Maritimer Lieblingsort

64 Der Hafen von Morro Jable

Eine lange Kaimauer trennt den Hafen vom Dorf Morro Jable. Hier legen die Fähren nach Gran Canaria ab und die Fischer gehen ihrer Arbeit nach. Es gibt immer etwas zu beobachten, und wenn es nur die Fische und Möwen sind. Doch auch alle maritimen Freizeitaktivitäten des Südens starten hier – Delfintouren, Segel- und Katamaranausflüge, Fahrten mit dem Glasbodenboot. Taucher brechen im Schlauchboot zu Tauchgängen auf. Buchen kann man direkt im Hafen bei den Anbietern, im Internet oder über die Hotelrezeptionen, dann ist der Transfer meist inbegriffen.

Segeljachten liegen an den Stegen neben den bunten Holzkähnen der Fischer. Sie sind Mitglieder der Genossenschaft Cofradía de Pescadores de Morro Jable und betreiben nachhaltige Kleinfischerei mit traditionellen Fangmethoden. Wer zur rechten Zeit kommt, kann zusehen, wie der Fang von den Booten in die Kühlhalle gebracht wird. Die Genossenschaft kümmert sich um den Verkauf und den Transport zu Supermärkten und Restaurants. Muränen, Papageienfische, Pulpo, Hummer und Thunfisch – hier kommt der frische Fang an, oft schon auf den Booten in Eis gelegt. Mit kleineren Kähnen angeln Fischer nur wenige 100 Meter vor dem Strand. Manchmal kann man sie vormittags von der Kaimauer im Dorf aus beobachten.

Am authentischsten wird der frische Fang im Hafen neben der Kühlhalle im Restaurant der Genossenschaft serviert. Ein Lieblingsort für Fischer wie für Touristen. Innen maritime Deko, historische Fotos vom harten Fischeralltag und eine moderne Cafébar, von den Terrassenplätzen ein Top-Blick auf das Hafengeschehen. Bei Glücksmomenten mit frischen Meeresfrüchten und Atmosphäre vergeht die Zeit hier wie im Flug.

Stets viel Neugier weckt die Schildkrötenstation im Hafen. Nicht immer wird Einlass gewährt, die Tiere brauchen Ruhe. In den Becken genesen Meeresschildkröten, bis sie wieder in den Ozean entlassen werden können. Hier gibt es Infoschilder zu einem Wiederansiedlungsprojekt der vom Aussterben bedrohten Unechten Karettschildkröte *(Caretta caretta)*.

- Puerto de Morro Jable, Calle Atlántico, 35625 Morro Jable
- ÖPNV: Haltestelle Morro Jable Muelle Jet Foil

LA COFRADIA

Authentisch

65 Einheimisches Leben in Gran Tarajal

Mit um die 8000 Einwohnern, die jeden Tag das Meer sehen oder daran entlangspazieren können, ist Gran Tarajal nach Morro Jable und Puerto del Rosario Fuerteventuras drittgrößte Stadt. „Große Tamariske" – so der Ortsname übersetzt aus der Sprache der Ureinwohner, nach den violett blühenden Bäumen, die hier neben Palmen an den Straßen wachsen. Wenn es Touristen hierher verschlägt, sind es Individualtouristen – im entspannten Gran Tarajal bleiben die Einheimischen meist unter sich. Es gibt ein Kulturzentrum und an Festtagen manchmal Open-Air-Konzerte auf temporären Bühnen am Strand. Hier ist genügend Platz und es darf laut werden.

Bemalte Hauswände bezeugen: In Gran Tarajal hat die Tristesse des Alltags keine Chance. Über dem Hafen ein Neptun-Mural mit Witz und Charme, Wachtürme, Schildkröten und Kamele bringen die Inselwelt kunterbunt an die Hausfassaden. Ein Pirat kämpft mit einer Medusa, selbst eine Leine mit Wäsche ist auf eine weiß getünchte Wand gemalt, an Humor fehlt es den Künstlern nicht. An Realitätssinn aber auch nicht: An der Meerespromenade erinnert die Skulptur einer Frau mit einer Kiste Tomaten auf dem Kopf an den Tomatenexport mit Dampfschiffen nach Großbritannien. Das war im 19. Jahrhundert und die Initialzündung der Stadt. Zuvor diente der große Naturhafen der Verschiffung von Handelswaren wie Kalk, Meersalz, Soda und Gofio. Und das am Übergang der Uferpromenade zum Hafen aufgestellte Skelett eines Cuvier-Schnabelwals erinnert an ein 5,5 Meter langes, vor der Ostküste der Insel gestrandetes Exemplar.

Die Plaza Candelaria mit Kirche, Kiosk und Bänken unter Lorbeerbäumen ist das Herz von Gran Tarajal. In der Mitte plätschert ein Springbrunnen mit sechs Seepferdchen, die Wasser speien. Die Bewohner trinken etwas in der Bar um die Ecke oder schieben Kinderwagen an der Promenade entlang. Sie erstreckt sich knapp 1 Kilometer an einer geschützten Bucht mit breitem dunklen Lavastrand. Was für ein Glück: Hier kann man noch im Sonnenuntergang baden.

TIPP

Senda de los Cetáceos (Weg der Wale) heißt das Projekt, das mit präparierten Skeletten gestrandeter Wale für den Lebensraum der Meeressäuger sensibilisiert.

● 35620 Gran Tarajal
● ÖPNV: Haltestelle Estacion Gran Tarajal

Mit Surfbrett & Campervan

66

An der Piedra Playa in El Cotillo

Einfach fantastisch: ein 1,5 Kilometer langer Strand mit viel Platz für alle, etwas Adrenalin, weil Brandung und Strömung ganz schön gefährlich sein können, bezaubernde Sonnenuntergänge, die den Himmel glutrot färben, und sportliche Romantik bei Vollmond. Der Mond bestimmt auch, wie viel Sand die Gezeiten an den Strand spülen oder wieder im Meer verschwinden lassen. An der Piedra Playa in El Cotillo zeigt sich der Atlantik von seiner besten Seite und die Klippenlandschaft darüber verlockt zum Kurzzeitcampen. Sie ist eine gigantische Aussichtsplattform auf Strand und Meer. Perfekt, um vom Campingstuhl aus die Sonne im Meer versinken zu sehen oder sich vom Sternenhimmel zum Träumen bringen zu lassen. Hier lohnt im Starlight Reserve Fuerteventura der Blick zum Himmel.

TIPP

Ausritte im Inselnorden bietet die Pferderanch Granja Tara zwischen La Oliva und El Cotillo.

Tagsüber wird El Cotillo seinem Ruf als Hawaii Europas gerecht. Der Strand ist das bevorzugte Ziel aller Surfschulen des Nordens, manchmal zu Vollmondsessions auf dem Board – magisch. Vorsicht, denn durch den an der Küste vorbeifließenden Kanarenstrom kann man schnell gen Süden abtreiben, wenn man sich der südlichen Klippe nähert. Über den schützenden Klippen des ersten Bereichs, in dem das Baden meist möglich ist, ragt wie ein runder Käse der Wehrturm Torre de El Tostón aus Lavagestein auf. Von hier konnten die Verteidiger über El Cotillo, die Playa Piedra und bis zur Playa de Esquinzo auf der anderen Inselseite sehen. Tagsüber bewachen Rettungsschwimmer den Strand in all seinen Abschnitten. Für Kitesurfer, Wellenreiter, Windsurfer und Stand-up-Paddle-Boards sind getrennte Bereiche vorgesehen. An der Lifeguard-Station mit ihrem schönen Kaktusbeet im Norden des Strands weht eine grüne oder rote Fahne. Bei Rot ist die Strömung stark und Badegäste dürfen sich nur von den hohen Wellen nass spritzen lassen. Sie erfreuen sich dann einfach an dem Spektakel der Brandung und an langen Strandwanderungen, die Nase im Wind und immer eine Brise salziger Luft in der Nase. Das ist Erholung pur.

- Piedra Playa, 35650 El Cotillo
- ÖPNV: Haltestelle Parada Preferente El Cotillo

Landleben und Käsehimmel

67 Im Museo de Queso Majorero

Also los, nicht zaudern: auf den Schemel und an die Zitze! Hier darf sich jeder im Ziegenmelken versuchen. Am Modell, zugegeben, aber dennoch ist ein wenig Geschicklichkeit gefragt. Bei Erfolg strahlen die Kinderaugen und die mancher Erwachsener noch viel mehr. *Majorero* ist das Schlüsselwort. Das „j" wird wie ein „ch" gesprochen (kehlig wie in „ach"). Auch das mal zu üben, macht Spaß. Man wird dieses Wort auf der Insel oft genug hören und versteht die Inselkultur besser, wenn man am Urlaubsanfang in dieses Museum kommt. Abgeleitet von *mahoh* (mein Land) bezeichnet *Majorero* die Urbevölkerung ebenso wie Fuerteventuras eigene Majorero-Ziegenrasse und den Ziegenkäse Queso Majorero, der als erster Käse Spaniens 1999 eine geschützte Ursprungsbezeichnung *(Denominación de Origen Protegida)* erhielt.
Im Museum erfährt man alles über die handwerkliche und industrielle Käseherstellung und die Namen der verschieden bunt gefleckten Majorero-Ziegen, steht staunend vor einem Kaufladen von einst und lässt die Augen über die Abdrücke der Palmblätter auf den Käselaiben schweifen, die beim Pressen in den runden Formen entstehen. Verfeinern lässt er sich durch das Bestreichen mit Paprikapulver, Olivenöl oder Gofio. Wer später auf der Insel direkt beim Erzeuger Käse für zu Hause kaufen möchte, kann sich im Museum noch schnell selbst zum Käseexperten machen.
Faszinierend sind auch die animierte Ausstellung zu den Vulkanismustheorien, die Fotos der an die Trockenheit angepassten Inselflora und der Kaktusgarten (Glücksort 30). Besucher können eine Gofio-Windmühle betreten und eine Chicago-Wassermühle bewundern, beide bildhübsch. Die *Molinos de Chicago,* ein Exportschlager aus den USA, sicherten früher die Bewässerung der Felder, indem sie Grundwasser förderten. Das fotogene Museum löst Glücksgefühle aus, weil man sich hier wie auf einer Finca vorkommt und in das Landleben und seine naturgegebenen Bedingungen eintaucht. Mit viel Ambiente, einem Shop und einem Restaurant.

● Museo de Queso Majorero, Calle Virgen de Antigua (km 20), 35630 Antigua, Tel. + 34 (9 28) 87 80 41, www.museoquesomajorero.es
● ÖPNV: Haltestelle Ayuntamiento Antigua

Natur in der Stadt

68

Die Playa del Matorral in Jandía

Es ist fast verrückt: In Jandía, der mit Morro Jable zusammen größten Agglomeration des Pauschaltourismus, hat sich die Natur durchgesetzt. Die Salzwiesen des Parque Natural de Jandía, ein Hunderte Meter breiter Streifen hinter der über 3 Kilometer langen Playa Matorral, stehen mitten im Touristenort unter Naturschutz. Das Reich der salzliebenden Vegetation dürfen Menschen nicht betreten. Nur zwei Holzstege verbinden die Promenade entlang der großen Durchgangsstraße mit dem Strand. Immer wieder flutet Meerwasser die Salzwiesen. Die Vegetation sieht spärlich aus, bildet aber eine ökologische Nische für brütende Vögel und für eine Vegetation, die wichtige Mineralstoffe bindet. Heute dürfen sich einst ausgebeutete Sodapflanzen im Saladar sozusagen wie in einem Artenschutzarchiv frei entfalten. *Salicornia* (Queller bzw. Meeresspargel) wächst hier ebenso wie das Wurmförmige Salzkraut.

Wahrzeichen des Strands ist der 60 Meter hohe weiße Leuchtturm. Nach ihm benannt ist die beliebte Beach Bar El Faro. Erhöht auf einer Düne bietet die Terrasse wie im nahen Pendant Heidi einen weiten Blick über herrliche Weiten aus zu feinem Sand zerriebenen Muscheln, Schnecken und Kalkalgen. Jahrhunderte lang waren Naturkräfte am Werk, wo sich heute FKKler sonnen, Jugendliche Beachvolleyball spielen, lange Strandwanderungen möglich sind und sich Surfer vergnügen.

Cruz Roja heißt hier nicht die Station der Rettungsschwimmer, die den Strand bewachen, sondern eine Welle, die bei idealen Windbedingungen aus einem Düseneffekt entsteht und erfahrene Surfer glücklich macht. Vom Meeressaum aus wirken all die Shoppingcenter und Hotels klein und fern. Mit dem Roller oder Hoverboard oder als Jogger flitzen Jandías Gäste begeistert über die lange Promenade zwischen der Avenida del Saladar und den Salzwiesen. Mit Meeresluft in der Nase kann man hier Skulpturenkunst bestaunen wie „Lucha Constante“ (ständiger Kampf), zwei in einer Spirale aufgewickelte Ziegenböcke des einheimischen Bildhauers Juan Miguel Cubas. Diese Art moderner Urbanität tut gut.

TIPP

Am Wasserspeicher beginnt der Wanderweg PR-FV-54 auf den Pico de la Zarza, den höchsten Berg der Insel.

- Playa del Matorral, FV-2, 35626 Jandía
- ÖPNV: Haltestelle Faro Morro Jable oder Shopping Center

BEACH BAR
EL FARO

Fischerflair

69 Im Hafen von Gran Tarajal

Im Hafen von Gran Tarajal herrscht geschäftige Herzlichkeit. Boote stehen auf dem Trockendock, während ihre Besitzer den Kiel streichen und sich gegenseitig etwas zurufen. Die Pflege und Wartung ihrer Boote nehmen die Fischer sehr ernst: Ob sonn- oder feiertags, man sieht sie hier stets fröhlich und gewissenhaft arbeiten. Um die 60 Familien bestreiten noch ihren Lebensunterhalt mit der handwerklichen Kleinfischerei. Sie kennen sich alle, der Hafen hat eine überschaubare Größe. Die bunten Holzboote, rund 40 insgesamt, schaukeln vor weißen Häusern und der sanft gewellten Vulkankegelkulisse im Hafenbecken. Ein Stück weiter flicken und reinigen die Brüder Ardiel und Victor Juan Carmona Saavedra gemeinsam ihre Reusen. „Wir lassen sie auf den Meeresboden hinab. So fangen wir Pulpos und Rotbarben. Sie sind noch neu und halten genau 6 Monate, also die ganze Saison, von November bis April", gibt Victor freundlich Auskunft. „Unser Boot liegt da drüben", sagt Ardiel. „Manchmal fahren wir für drei Nächte in den Inselnorden oder wir angeln vom Boot aus hier vor der Küste." Im Atlantik rund um Fuerteventura wird nur im kleinen traditionellen Stil gefischt. „Unseren Fang bringen wir in die Kühlhalle", sagt der Fischer. Neugierige dürfen sich dort umsehen, wenn sie nicht bei der Arbeit stören. Gerade ziehen zwei Fischer ihren gekühlten und verpackten Fang auf einem Karren aus der Halle zum Auto. Manche von ihnen haben eigene Fischgeschäfte. Papageienfisch, Muränen und Zackenbarsch gehören zum Fang des heutigen Abends. Die Fischer sind wie in Morro Jable und Corralejo in einer Genossenschaft organisiert. Die Cofradía des Pescadores betreibt das Kühlhaus, wo der Fisch gekühlt, gewogen und verpackt wird. Die Fischer können ihn hier direkt zu festen Kilopreisen verkaufen. Sie respektieren geltende Fangquoten, wie etwa für Thunfisch. Der Genossenschaft gehört auch das Restaurant direkt am Hafen. Hier begegnen sich Fischer und Touristen auf einen Kaffee mit Tapas oder ein fangfrisches Mahl. Ein Glücksort für Fischfans und Liebhaber maritimen Ambientes.

- Puerto Gran Tarajal, 35620 Gran Tarajal
- ÖPNV: Haltestelle Estacion Gran Tarajal

QUIKSILVER
The original boardshort co.

Wind und Wellen

70 Kite- und Surfcenter René Egli, Playa Barca

Holztische vor der Kite-Bar, Liegen unter Palmen wie in der Südsee – das Kite-Center René Egli an der Playa Barca ist ein Glücksort für alle, die den Wassersport auf dem Brett lernen möchten oder bereits gut beherrschen. Die Palmenoase gehört heute ebenso wie inzwischen das Kite-Center und das einige 100 Meter entfernte Windsurfcenter zum Meliá Hotel Fuerteventura. Benannt ist die Schule nach ihrem Gründer René Egli, der 1984 mit acht Brettern und einer Windsurflizenz des Hotels Gorriones begann. 2 Jahre später organisierte er die erste Windsurf-Speed-Weltmeisterschaft, bei der der neue Weltrekord eines Franzosen (38,86 Knoten) Fuerteventura in die internationalen Sportschlagzeilen brachte.

Immer wieder neu zeichnen Wind und Wasser die Form der Wellen in die bei Ebbe endlos scheinende Sandfläche vor dem Kite-Center. Dann machen sich die Kiter zu langen Wattwanderungen auf, um ans Wasser zu kommen.

In der Saison bietet die Schule einen kostenlosen Shuttle, der zwischen Costa Calma, dem Kite-Center und der stehtiefen Lagune mit für Anfänger optimalen Lernbedingungen pendelt. Und noch ein Vorteil: Ob Surfbrett oder Wing- und E-Foil – das René Egli Center bekommt nach spätestens einem Jahr neues Material.

Begeisterte Kiter wie der Weltenbummler Cezary Augustynowicz aus dem polnischen Posen bringen ihre Ausrüstung selbst mit. „Ich komme jedes Jahr mindestens einmal. So etwas wie hier gibt es in Europa kein zweites Mal." Die Windverhältnisse an der Playa Barca, neben Risco del Paso, Mirador, Malnombre und Los Canarios eine der Playas de Sotavento, profitiert von der Sotavento-Düse: Zum ersten Mal beschleunigt der Passat am Istmo de la Pared zwischen zwei Bergzügen, weht dann an der Küste unter der von der Sonne aufgeheizten aufsteigenden Luft hindurch und beschleunigt dann noch einmal, sobald er auf das kühle Meer trifft. Die Doppeldüse kann im Sommer zu Windstärken bis 9 führen. Dann freuen sich die Cracks auf den Brettern und die Strandgäste haben viel zu gucken.

● Windsurf-Center René Egli, Playa Sotavento, 35627 Costa Calma, Tel. +34 (9 28) 54 74 83, www.rene-egli.com

Quelle am Hausberg

71 Von El Cardón zur Ermita del Tanquito

Einsamkeit und weite Ausblicke, bei guter Sicht vom Hausberg Montaña Cardón (694 Meter) an manchen Tagen bis nach Gran Canaria, locken Wanderer ins Dorf El Cardón. Nach der landschaftlich schönen Fahrt von Ost nach West über die FV-618, etwa ab Costa Calma, stellt man fest: In dieser Einsamkeit gibt es so gut wie nichts, außer ein paar Bauernhäuser, eine Bar und eine kleine weiß getünchte Kirche. Ein Ort fleißiger Bauern ohne jede Hektik. Ab der Kirche kann man loswandern, aber es gibt auch die Möglichkeit, die leichte Tour (hin und zurück 2 Stunden) noch abzukürzen. Dazu fährt man auf der schmalen FV-618 durch die Einsamkeit im Spaziertempo den Hausberg hinauf und schaut. Vom Pass Degollada de las Brujas auf etwa halber Höhe begeistert der Ausblick besonders. Auch von hier kann man die Wanderung zur Ermita del Tanquito noch beginnen. Ende Mai ist sie Ziel einer Wallfahrt und Hunderte von Pilgern verschiedenen Alters und unterschiedlicher Kondition begleiten die Prozession mit der Marienfigur aus der Kapelle von El Cardón. Sie führt zu einer nicht versiegenden Quelle neben der Ermita. Ihr Wasser hat das Basaltgestein der Montaña Cardón bereits gefiltert. Ein Wunder der Natur, früher holten sich die Bewohner hier ihr Trinkwasser. Das wertvolle Nass bewog schon die Ureinwohner, sich hier anzusiedeln. Sie hinterließen Gräber mit Mumien und Felsritzungen. El Tanquito – der kleine Tank – entstand viel später, um das Wasser besser auffangen zu können, und die Kapelle aus Stein unter dem Feldvorsprung stammt erst aus neuerer Zeit: Baujahr 1981.

Heute kommen die Inselbewohner nicht mehr wegen des Wassers hier hinauf, sondern bitten um Glück für ihre Führerscheinprüfung. Das brauchen sie bei den abenteuerlichen Inselstraßen und vielleicht sind die Fahrlehrer wegen der Inseltopografie besonders streng. Lehrbücher der Fahrschulen zählen zu den kuriosen Votivgaben in der Ermita voller Blumen und Kerzen. Der Berg ist als Naturdenkmal kategorisiert und die Wanderung bietet einen weiten Blick über die Strände der Halbinsel Jandía und den Istmo de la Pared.

- Ermita Virgen del Tanquito, Montaña Cardón, 35628 El Cardón
- ÖPNV: Haltestelle El Cardón Pueblo

Deutsch-spanisches Dorf

72

Im Kern von Morro Jable

Trotz Pauschaltourismus ist der alte Ortskern von „Morro“ gemütlich geblieben, die ursprünglichen Bewohner, die Touristen und viele zugewanderte Deutschen wohnen hier, ohne sich gegenseitig zu stören. Im Gegenteil. Spanische Friseurläden und Restaurants reihen sich neben Läden, in denen Deutsche Kunsthandwerk, Bikinis und Damenmode verkaufen. Der Einzelhandel lebt und die Nationalitäten der Ladenbesitzer sind noch paritätisch ausgewogen. Jeder lebt hier so, wie es für ihn am besten ist. Mittags zur Siesta sind auch die deutschen Geschäfte von 13 bis 17 Uhr geschlossen. Dafür füllen sich die Restaurantterrassen in der autofreien Hauptstraße unter lauschigen Bäumen im Schatten mehrstöckiger Häuser. Am Kiosk an der Plaza Pescadores am Ende einer durch den Ort zum Meer verlaufenden Schlucht kaufen Kanaren auf Glückssuche ihre Lose für die Samstagslotterie der Blindenorganisation Once. Wie in ganz Spanien träumt hier zur Weihnachtszeit jeder Loskäufer denselben Glückstraum: den berühmten El Gordo zu knacken. Vor dem Kiosk erinnert eine Skulptur mit Fischern an Zeiten, als die Arbeit im Dorf noch härter und rarer war – vor dem Tourismus.

Schon am späten Nachmittag ist es in den Bars an der Strandpromenade Zeit für den Aperitif. Die niedrige Mauer zum Strand ist eine willkommene zusätzliche Sitzgelegenheit. Geselliges Relaxen. Neben Souvenirshops reihen sich Fischrestaurants und Bars in noch überschaubarem Maß. Während die Promenade direkt hinter dem alten Ortskern in die Welt der Pauschalhotels mit ihren großen Restaurants und Abendanimationen übergeht, sitzt man hier bis in die Nacht romantisch und feucht-fröhlich nur wenige Meter vom Meer an einem schmaleren Stück Strand. Vom Mirador auf dem Hügel vor der neuzeitlichen Kirche Nuestra Señora del Carmen belohnt ein weitreichender Blick über Fuerteventuras größtes Strandparadies: türkises Meer, eine lange Düne vor den Hotels und ein immer breiterer Sandkasten am Ozean, mittendrin der Leuchtturm von Jandía.

TIPP

Fangfrisches und die nächste Terrasse am Meer bietet das Restaurante Laja.

- 35625 Morro Jable
- ÖPNV: Haltestelle Morro Jable

Fitness auf dem Land

73 Von Valle de Santa Inès zum Strand

Fitnesscenter gibt es in den Bauerndörfern um Betancuria natürlich nicht, würde man annehmen. Umso erstaunlicher sind die hinter dem Ortsausgangsschild neben einer Sitzbank an der Straße aufgestellten Fitnessgeräte. Da bekommen selbst Touristen, die gerade die kurvige Bergstraße FV-30 gefahren sind, Lust, mal anzuhalten und ein bisschen Oberschenkel und Arme zu trainieren. Recken, strecken, dehnen – mit Blick auf Vulkankegel. Wenn das kein Glücksmoment ist. Und wer sich auf dem Weg bis hierher mit dem Rad abgestrampelt hat, findet am Straßenrand auch eine Aufpumpstation. Echt modern für ein Streudorf, in dem die Frauen einst Keramik und Stickereien fertigten und auf der ganzen Insel verkauften.

An der Ecke gibt es einen kleinen Minimarkt, dessen Besitzer fast jeden Einwohner kennt. Hier kann man sich mit Proviant und einer Flasche Wasser für den Strand versorgen. Zünftige und preiswerte Inselküche tischt das Restaurante Casa Abuela Alfredo auf, das aber nicht immer geöffnet ist. Richtig etwas los ist im Dorf nur, wenn es Feste feiert, wie am 21. Januar die Fiesta de Santa Inès. An diesem Tag wurden von 1570 bis 1708 jedes Jahr die Schöffen *(jurados)* für den Inselnorden und -süden gewählt, die Streit schlichteten, Preise festlegten und wichtige Entscheidungen trafen.

Die Bauern von Valle de Santa Inès pflegen im Tal Vega Vieja bis heute die Felder und die Terrassenkulturen mit Bewässerungskanälen *(gavias)*. Dank seiner Barrancos ist Valle de Santa Inès auf der kargen Insel landwirtschaftlich privilegiert. Zumindest wenn es denn einmal regnet, fließt das Wasser die Schluchten hinab und wird über die *gavias* gesammelt und verteilt.

Urlauber sollten dem Wegweiser zur Playa del Valle folgen. Ein Strand? In dieser Gegend? Wenn Wind und Seegang es erlauben, kann man hier auf der als ansonsten zum Schwimmen zu rau und gefährlich bekannten Inselseite fantastisch baden: in den geschützten Felsenbecken der Piscinas Naturales. Sobald die Bedingungen stimmen, ein Glücksmoment in einem Naturpool dcs Atlantiks.

- 35637 Valle de Santa Inès
- ÖPNV: Haltestelle Valle Santa Inès

Kunst und Lucha Canaria

74

Authentische Erlebnisse in Tetir

Weiße Häuser mit Holzbalkonen, Lorbeerbäume, Oleander, Steinmauern und rote Erde – in Tetir schlägt das Herz des ländlichen, traditionellen Fuerteventura. Im Zentrum spielt sich das Leben auf dem Platz vor der Iglesia Santo Domingo de Guzmán aus dem 18./19. Jahrhundert ab. Innen eine Mudéjardecke, ein barocker Altar, ein barockes Gemälde zum Fegefeuer am Tag des Jüngsten Gerichts, Heiligenfiguren, eine Schmerzensmadonna und der heilige Andreas mit Kreuz – sakrale Kunst als Rahmen für Gebet und Andacht. Ziemlich rabiat geht es auf dem Kirchplatz zu, wenn sich die Bewohner beim ausgelassenen Karneval nicht mehr ganz nüchtern gegenseitig mit weißem Talkumpuder bestreuen.

Ländlich und kreativ präsentiert er sich beim Kunsthandwerksmarkt einmal im Vierteljahr an einem Sonntag. An den Ständen gibt es Obst und Gemüse, Spezialitäten und Wein. Künstler und Kunsthandwerker stellen ihre Kreationen vor, darunter die Grafikdesignerin, Zeichnerin und Kunsthandwerkerin Dori Alessio. Sie bietet auf ihrer Finca Workshops an, bei denen originelle Werke entstehen. Aus einfachen Materialien aus der Natur. In ihrer Aula de Naturaleza finden ihre schöpferischen sozialen Events überdacht im Freien statt. „Die Natur und die rote Erde übernehmen die Regie", erzählt Dori. „Allein die Umgebung setzt kreative Kräfte frei." Dori ermuntert dazu, auch mal die andere Hand zu nehmen und der Intuition zu folgen. Touristen haben bisher noch nicht teilgenommen, aber Dori erklärt ihnen gern den Weg. Sie wohnt in der Nähe der Arena für Kanarischen Ringkampf. Bei der Lucha Canaria, barfuß auf Sand mit ausgeklügelten Griffen und Wurftechniken, mischt sich Dori auch schon mal gern unter die Zuschauer. Ein intensives Erlebnis, das oft eher zum Inselgespräch wird als eine Kunstausstellung in Puerto del Rosario. In der Arena hat Tetir Heimspiel gegen die Mannschaften aus Antigua, Tarajalejo, Morro Jable, Puerto del Rosario und Antigua. Erfolgreiche Ringer sind sportliche Helden für den Nachwuchs auf der Suche nach eigenem Glück.

TIPP

Ländliches Gästehaus mit Pool: die Casa Rural Asuncionita (www.casarura lasuncionita.com).

● 35613 Tetir
● ÖPNV: Haltestelle Iglesia Tetir

Ilustración

Natürliche Schönheit

75 Bei Aloe Vera Exclusive

Schönheit für Haut und Haare lautet die Glücksformel einer Familie aus Fuerteventura: Vier Brüder und ihre Mutter übernahmen 2006 das Unternehmen, das der Volksmund auf der Insel bereits seit 1989 als Aloe-Vera-Fabrik bezeichnete – La Fabrica de Aloe. Bei Tiscamanita, in Höhe von Kilometer 30, sieht man schon von der Landstraße Carretera General del Sur die Felder der Fabrik für die Schönheit. Die Familie hat sie in Aloe Vera Exclusive umbenannt und tüftelt seither unermüdlich an der Erfolgsformel für ihre Produkte. Das ganze Glück basiert auf einer Pflanze: *Aloe vera barbadensis Miller.* 2 Hektar fein säuberlich in langen Reihen auf wasserspeicherndem Lavakies *(picón)* angebaut. 100 Prozent biologisch, mit einem offiziellen Zertifikat für ökologischen Landbau, verbunden mit strengen Kontrollen und Qualitätskriterien. Eine wichtige Voraussetzung für das Glück, bei einem Produkt, das die Fähigkeit hat, in sehr tiefe Hautschichten einzudringen – heilend, beruhigend und Feuchtigkeit spendend.

Im Winterhalbjahr von November bis Mai bilden die Pflanzen an langen Stängeln gelbe Blüten, doch die Wunder für die Schönheit bewirkt der Saft ihrer Blätter. Sie enthalten Vitamine wie A, C und E für Gesundheit und Strahlkraft. Ihre Aminosäuren tragen zur Förderung der Kollagenproduktion und Hautelastizität bei, die Antioxidantien der Aloe schützen die Haut vor Umweltschäden.

Die Fabrik hat einen großen Parkplatz und Besucher bekommen bei einer kostenlosen 30-minütigen Führung auf Deutsch Einblicke in die moderne Produktion und erfahren Details in einem Video. Anschließend weiß man: Bei Sonnenbrand kühlt Aloe, wirkt reizlindernd und spendet Feuchtigkeit. Das Gel, mit 93 Prozent Bio-Aloe und Olivenöl, pflegt die Haut und die Haarspitzen, darf aber nicht auf die Kopfhaut. Jojoba- und Mandelöl sowie Sheabutter ergänzen die Körperlotionen, Cremes und weitere Verwöhnprodukte, die Haut und Haar und die Lieben daheim zum Strahlen bringen.

● Aloe Vera Exclusive, Carretera General del Sur (km 30), Tiscamanita, 35638 Tuineje, Tel. +34 (9 28) 16 42 40, www.aloeveraexclusive.com
● ÖPNV: Haltestelle Km 31 Aloe Vera

Landleben

76 Das Agro-Hotel Rugama in Casillas del Ángel

Das Landleben auf Fuerteventura? In Casillas del Ángel, über die FV-20 nur 10 Autominuten von Puerto de Rosario entfernt, kann man es gut selbst ausprobieren. Hier gibt es ein Landhotel mit drei Sternen in einem restaurierten Gutshaus aus dem 18. Jahrhundert. Steinmauern, Holzbalkone zum Hof oder zum Garten, Palmen, Olivenbäume, Bougainvilleen und frische Landluft erwarten die Gäste. Jedes der 14 Zimmer ist anders eingerichtet und versprüht mit nostalgischen Möbeln rustikalen Charme. Es gibt Himmelbetten, frei stehende Badewannen, Sofas, Terrassen – hier fühlt man sich sofort zu Hause. Und kann – was für ein Glück – in den Pool im weitläufigen Garten springen.

In den gepflegten Dorfhäusern von Casillas del Ángel, einen halben Kilometer weiter, wohnen kaum noch Bauern. Die meisten Leute pendeln zum Arbeiten in die Inselhauptstadt Puerto de Rosario und genießen zu Hause die ländliche Lebensqualität. Am Kirchplatz sind die wichtigsten sozialen Einrichtungen vorhanden – ein wasserblaues Basketballfeld, eine Grundschule, ein kleines Kulturzentrum und die Kirche Santa Ana. Anders als die strahlend weiße Außenfassade besteht der dreistöckige Glockenturm an der Vorderseite aus dunklem Lavastein. Wer zur Messe kommt, kann ihren Kunstschatz bewundern, den barocken Altar und hölzerne Heiligenfiguren. Der Platz ist manchmal wie leer gefegt, aber in den Abendstunden strahlt er eine angenehme Atmosphäre gelassenen Alltags aus. Regelrecht gestürmt wird er allerdings beim einwöchigen Patronatsfest der heiligen Anna um den 26. Juli. Dem Bild der Skulptur einer krumm nach vorn gebeugten Landfrau mit den Kartoffeln entsprechen die Frauen hier heute zum Glück nicht mehr. Bäuerinnen gibt es aber noch: In der von Frauen geführten Queseria Felipa La Montañeta oberhalb des Orts kann man Majorero-Käse aus eigener Ziegenhaltung kaufen.

TIPP

Übernachten auf einem Bauernhof aus dem 18. Jahrhundert: Agroturismo La Gayria nahe dem Dorf Tuineje.

- Agro-Hotel Rugama, Carretera General FV-20, 35611 Casillas del Ángel, Tel. +34 (9 28) 87 88 59
- ÖPNV: Haltestelle Casilla del Ángel, Supermercado oder Letera

Leuchtturmblick

77 Hinauf zum Faro de la Entallada

Der Weg ist das Ziel? In diesem Fall schätzt sich manch einer glücklich, überhaupt am Ziel anzukommen. Und dann wäre ja da auch noch der Rückweg! Auch nicht so ohne. Ein Straßenschild warnt vor der schmalen Straße *(carretera estrecha)*. Gut, enge Straßen gibt es auf Fuerteventura viele, aber nur wenige, auf denen sich das Gefühl einstellt, auf schmalem Grat unterwegs zu sein. In manchen Kurven fehlen die Leitplanken, obwohl es beiderseits steil und steinig abrupt bergab geht und keine zwei Kleinwagen aneinander vorbeikommen. Immerhin ist die Straße asphaltiert, eine super Sache für die couragierten Radfahrer, die von Las Playitas aus die kurze steile Traumstrecke emporstrampeln. Ob motorisiert, mit dem Rad oder auf ausgetretenen Fußwegen, so viel zum Weg: Er ist eine schweißtreibende Angelegenheit mit gewissem Thrill. Das Ziel: der Afrika geografisch am nächsten gelegene Punkt des kanarischen Archipels mit dem Leuchtturm Faro de la Entallada in 200 Meter Höhe, nur 100 Kilometer vom Kap Juby in Marokko entfernt. Der Leuchtturm ist Baujahr 1954, sieht aber so beeindruckend aus wie seine Pendants aus dem Jahrhundert davor. Ein Turm mit Glaskuppel überragt drei Gebäude mit extra geschaffenem Wohnraum um einen Innenhof. Rund um die Uhr sollte der Leuchtturm Schiffen und Flugzeugen Orientierung geben, die zwischen den Kanaren und der Sahara unterwegs waren. Zwei Leuchtturmwärter, die sich regelmäßig ablösten, wohnten hier mit ihren Familien. Auch für den Techniker, der alle Leuchttürme der Insel wartete, gab es ein Zimmer zum Übernachten. Seit 2022 ist der Leuchtturm ein Kunstmuseum: Die erste Ausstellung „Arte África Luz Ancestral" zeigte 374 Werke aus afrikanischen Ländern südlich der Sahara aus der Zeit zwischen 1930 und 1950. Heute der Kunst geweiht, ist der Faro de la Entallada vor allem ein Ziel in atemberaubender Natur. Weiter Ausblick, Zwitschern im Vogelschutzgebiet, einsame Sonnenuntergänge. Nach dem Wagnis des Wegs beglückende Romantik mit Schwindelgefühlen beim Blick vom Klippenrand, aber nur wenn es windstill ist.

● Faro de la Entallada, 35629 Las Playitas

Rätselhafte Kulisse

78

Vor dem Kirchenportal in Pájara

Hohe grüne Bäume, viel Lorbeer, spenden in Pájara Schatten. Hier muss es Wasser geben. Sie säumen die Hauptstraße und lassen auch den Kirchplatz lauschig wirken. Vielleicht ist er der schönste der ganzen Insel, Grund genug, um auf einer Bank zu verweilen und die Kulisse auf sich wirken zu lassen. Alles hier ist kompakter und überschaubarer als in Antigua, wo der Kirchplatz an eine Oase erinnert. La Oliva und Betancuria haben dreischiffige Kirchen, die Besucher ebenfalls in ihren Bann ziehen. Seit ihrer Bauzeit stehen diese schmucken Gotteshäuser für die Bedeutung und den Reichtum ihrer Gemeinden.

Doch die Fassade der Nuestra Señora de Regla in Pájara ist einzigartig und setzt dem Vergleich das i-Tüpfelchen auf. Hier lebten adelige Familien und Besitzer von Opuntien-Feldern, die Cochinilla-Läuse züchteten und Karmin zu barer Münze machten. Pájara muss reich gewesen sein, um das Kirchenportal im 18. Jahrhundert von Steinmetzen kunstvoll mit aztekischen Motiven verzieren zu lassen. Sonnensymbole, geometrische Figuren, Ringe und Federschmuck geben Rätsel auf. Waren die Auftraggeber Rückkehrer aus Lateinamerika? Die Künstler sind unbekannt, aber Experten gehen davon aus, dass talentierte Steinmetze, wie es sie damals auf Teneriffa gab, sie der barocken Mode der damaligen Zeit entsprechend nach Vorlagen kopiert und in Kalkstein geschlagen haben, der aus Ajuy stammt. Mit der Wertschätzung der Kunstfertigkeit fremder Hochkulturen gaben die Auftraggeber sich polyglott. Sicher wollte man auch auf der Insel Kirchenprunk wie auf dem spanischen Festland haben. Ein weiteres Beispiel: die Holzdecken im beliebten Mudéjarstil arabischer Handwerker. Die Figur der Virgen de la Regla, die auch auf Kuba als Schutzpatronin verehrt wird, brachte wohl tatsächlich ein Kuba-Rückkehrer mit. Um den 2. Juli wird sie bei einer Prozession durch die Straßen getragen und ein Feuerwerk am Tag zuvor leitet das Patronatsfest ein. Für viele Bewohner ein Glücksmoment.

TIPP

Kanarische Hausmannskost im Restaurante La Fonda (Calle Nuestra Señora de Regla, 23) probieren.

● Iglesia de Nuestra Señora de Regla, Calle de Regla, 8, 35628 Pájara
● ÖPNV: Haltestelle Pájara

Aue am Palmenfluss

79 Einkehr in Vega de Río Palmas

Hier teilen sich Wanderer die Straße mit den Autos, informiert ein Verkehrsschild an der FV-30 durch Vega de Río Palmas. „Aue am Palmenfluss" bedeutet der Name. Das Dorf in einem der schönsten Täler der Insel liegt im Bett eines ausgetrockneten Flusses, der im Zentralmassiv des Naturparks Betancuria am Morro de Velosa o del Convento entspringt. Im Zentrum steht die Wallfahrtskirche Nuestra Señora de la Peña im spanischen Kolonialstil. Der Eintritt ist frei. Hinter dem Renaissanceportal sitzt eine Frau am Schalter und wacht darüber, dass die Statue der Felsenmadonna nicht entwendet wird. Die Jungfrau mit Kind aus weiß strahlendem Alabaster, beide mit goldenen Kronen, war einst im Gepäck der Inseleroberer Jean de Béthencourt und Gadifer La Salle. Ihr Versteck in einer Felsspalte, wo Franziskanermönche sie im Mittelalter entdeckten, können Wanderer sich hinter der Holzbrücke an der Kapelle Ermita de la Peña (Glücksort 37) ansehen. Seit 1675 ist die Felsmadonna Fuerteventuras Schutzpatronin.

Am dritten Septemberwochenende füllt sich das Dorf mit Pilgern. Nach der Prozession mit der Jungfrau zur Felskapelle im Barranco de las Peñitas steht sie das ganze Jahr über wieder in der Dorfkirche mit der kunstvollen Holzdecke im Artesanado-Stil. Urspanisch wie auf dem Festland – und so hat auch der deutsche Fotograf Reiner Loos sein Restaurant Don Antonio am Kirchplatz eingerichtet. Die Terrasse und der Patio voller Grün sind Glücksorte für entspannte Pausen. Auf dem Weg zu seinem zweiten Restaurant, der Finca Agricola, erinnern Windräder und Anbauterrassen an die Agrargeschichte. Das fruchtbare Tal ist auch als Valle de los Granadillos (Tal der Passionsfrüchte) gekannt. Auf der Terrasse der Finca gibt es Hausmacherkost aus frischen Zutaten. Auf dem Gelände wachsen Passionsfrüchte, Kürbisse, Oliven, Tomaten, Mais, Zwiebeln und Kartoffeln. Ein Windrad mit Teich (Chicago), ein Schuppen mit Drehvorrichtung für einen Mühlstein und ein kleiner Stall mit Ziegen und Hühnern lassen liebevoll alte Zeiten aufleben. Ein kulinarischer Glücksort in ländlicher Idylle.

- 35637 Vega de Río Palmas
- ÖPNV: Haltestelle Vega de Río Palmas

COMEDOR

Abenteuerlich

80 Safari zur Playa de Cofete

Der Strand von Cofete ist ein Mythos. Oft traumhaft leer, steht er für das große *nada,* das Nichts, die legendäre Leere und Weite der Insel. Gischt spritzt auf goldgelben Sand, die stete Brise vom Meer kann erfrischen oder aufpeitschen. Als Kulisse die Berge des Naturparks Jandía. Karges vulkanisches Gestein in dunklen Lavatönen, abweisend und rau, kontrastiert mit Sand, so weit man gucken kann. Wegen der Unterströmungen ist das Baden zu gefährlich, aber beim Wandern gen Osten an den genauso gefährlichen nächsten wilden Strand, die Playa de Barlovento, hüpft das Herz. Das große Nichts an der dem Wind zugewandten Inselseite hat seine Magie.
Die Zahl der Fahrzeuge auf dem Strandparkplatz zeugt von der Beliebtheit von Jeep-Safaris. Sie bieten größte Flexibilität und Sicherheit. Ab Morro Jable führt eine 16 Kilometer lange präparierte Schotterpiste nach Cofete. Voller Schlaglöcher, Kurven am Berg und enger Abschnitte dicht am Abhang. Was viele Mietwagenfahrer aber nicht davon abhält, die Herausforderung als willkommenes Abenteuer zu verstehen, selbst wenn der Autoverleiher dies verboten hat und eventuelle Schäden nicht übernimmt. Eine Holperpartie für Leute mit stoischer Geduld und guten Nerven. Bevor es nach Cofete steil bergab geht, belohnt ein weiter Strandblick, doch oft pfeift der Wind einem den Sand so stechend in die Augen, dass man schnell wieder ins Auto steigt.
Der öffentliche Kleinbus von Tiadhe, der in Morro Jables modernem Busbahnhof abfährt, bewältigt die Strecke müheloser und schneller. Vögel, Ziegen und Ornithologen mit Fernrohr als türkise Schattenrisse auf dem weißen Unimog verheißen ein Naturabenteuer. Auf dem Rückweg steigt in Cofete einer der wenigen Dorfbewohner zu. „Dich habe ich extra genau abgepasst", ruft der Busfahrer beim Öffnen der Tür. Der alte Mann grüßt gleich alle im Bus zurück: „Buenos días señores!" Erheitert kommt er aus Cofetes einziger Bar. Wie gut, dass es den Bus gibt, und was für ein Glück, wenn noch ein Platz frei ist.

- Playa de Cofete, 35626 Cofete
- ÖPNV: Haltestelle Playa de Cofete

Bibliografische Informationen der Deutschen Nationalbibliothek
Die Deutsche Nationalbibliothek verzeichnet diese Publikation in der Deutschen Nationalbibliografie; detaillierte bibliografische Daten sind im Internet über http://dnb.d-nb.de abrufbar.

Konzeption/Satz: Droste Verlag, Düsseldorf
Einbandgestaltung und Illustrationen: Britta Rungwerth, Düsseldorf, unter Verwendung von Bildern von © Fotolia.com: jd – photodesign.de; © iStock: Plociennik Robert
Fotos: Petra Sparrer
Textlektorat: Sandra Bollenbacher, Heidelberg

MIX
Papier | Fördert gute Waldnutzung
FSC® C011279
FSC www.fsc.org

Druck und Bindung: LUC GmbH, Greven
ISBN 978-3-7700-2549-7

www.droste-verlag.de